作者介绍

乔恩·戈登毕业于康奈尔大学（Cornell University），并在埃默里大学（Emory University）获得硕士学位。

乔恩·戈登是一名咨询师、主讲人和畅销书作家，为《财富》世界500强企业、学区、医院以及商业界和教育界的领袖提供咨询工作，致力于开发积极、专注和高效的团队。

他和他的书曾经被电视台、杂志和报纸广为推荐，其中包括：

CNN《早安，美国》（*American Morning*）

NBC《今日秀》（*Today Show*）

《福布斯》（*Forbes*）

《奥普拉》杂志（*The Oprah Magazine*）

《华尔街日报》（*Wall Street Journal*）

《纽约时报》（*New York Times*）

《男性健康》（*Men's Health*）

《积极思考》（*Positive Thinking*）

他出版的管理励志类作品包括：

《活力巴士》（*The Energy Bus*）

《不抱怨的力量》（*The No Complaining Rule*）

《积极的小狗》（*The Positive Dog*）

《训练营地》（*Training Camp*）

《鲨鱼与金鱼》（*The Shark and the Goldfish*）

《种子》（*The Seed*）

《在更衣室赢得先机》（*You Win In the Locker Room First*）

乔恩·戈登的畅销书和访谈节目激励了很多人，众多不同团队都成功运用了他的信条。他的客户包括：

THE POWER OF
POSITIVE LEADERSHIP

[美] 乔恩·戈登 Jon Gordon — 著

汤青亮 — 译

正向 ‹团队› 赋能

新世界出版社
NEW WORLD PRESS

The Power of Positive Leadership:How and Why Positive Leaders Transform Teams and Organizations and Change the World
Copyright © 2017 by Jon Gordon.
Simplified Chinese edition Copyright ©2021 by Grand China Publishing House
Original English Language edition published by John Wiley & Sons, Inc., Hoboken, New Jersey.

All rights reserved. This translation published under license.
Copies of this book sold without a Wiley sticker on the cover are unauthorized and illegal.

本书中文简体字版通过 Grand China Publishing House（中资出版社）授权新世界出版社在中国大陆地区出版并独家发行。未经出版者书面许可，本书的任何部分不得以任何方式抄袭、节录或翻印。

北京版权保护中心引进书版权合同登记：图字 01-2020-6700 号

图书在版编目（CIP）数据

正向团队赋能 /（美）乔恩·戈登著；汤青亮译 . -- 北京：新世界出版社，2021.2
　书名原文：The Power of Positive Leadership: How and Why Positive Leaders Transform Teams and Organizations and Change the World
　ISBN 978-7-5104-7201-5

Ⅰ. ①正… Ⅱ. ①乔… ②汤… Ⅲ. ①企业管理 - 组织管理学 Ⅳ. ① F272.9

中国版本图书馆 CIP 数据核字 (2021) 第 003443 号

正向团队赋能

作　　者：	[美]乔恩·戈登（Jon Gordon）
译　　者：	汤青亮
策　　划：	中资海派
执行策划：	黄　河　桂　林
责任编辑：	吴伶伶　　周　帆
特约编辑：	羊桓汶辛　朱慧芳　张　帝
责任校对：	宣　慧
责任印制：	王宝根　　汪勋辽
出版发行：	新世界出版社
社　　址：	北京西城区百万庄大街 24 号（100037）
发 行 部：	（010）6899 5968　（010）6899 8705（传真）
总 编 室：	（010）6899 5424　（010）6832 6679（传真）
http：	//www.nwp.cn　　http://www.newworld-press.com
版 权 部：	+8610 6899 6306
版权部电子信箱：	frank@nwp.com.cn
印　　刷：	深圳市精彩印联合印务有限公司
经　　销：	新华书店
开　　本：	787mm×1092mm　1/32
字　　数：	200 千字　　印　张：7
版　　次：	2021 年 2 月第 1 版　2021 年 2 月第 1 次印刷
书　　号：	ISBN 978-7-5104-7201-5
定　　价：	49.80 元

版权所有，侵权必究
凡购本社图书，如有缺页、倒页、脱页等印装错误，可随时退换。
客服电话：（010）6899 8638

体育团队：国家橄榄球联盟（NFL），国家篮球协会（NBA），亚特兰大猎鹰队，洛杉矶道奇队，洛杉矶快船队，迈阿密热火队，匹兹堡海盗队，克莱姆森大学橄榄球队。

企业组织：金宝汤公司（Campbell Soup），富国银行集团（Wells Fargo），国营农场（State Farm），诺华（Novartis），拜耳（Bayer），戴尔（Dell），美国大众超级市场（Publix），西南航空公司，分支银行与信托公司（BB & T Bank），西北互助保险公司（Northwestern Mutual），丽思卡尔顿酒店（Ritz Carlton Hotels），山间医疗保健公司（Intermountain Health Care），PGA巡回赛（PGA Tour）。

教育组织：西点军校（West Point Academy），丹佛公立学校（Denver Public Schools）。

前言　正向团队赋能的强大力量

> 保持积极的状态不仅会让你变得更好，也会让你周围的人变得更好。

我并非天生就是一个积极的人，人们认为我积极是因为看过我的书，听过我的演讲，但事实上，我必须要十分努力，才能使自己变得积极。然而现在，我却要写下这样一本书，花很多时间去强调积极的重要性。没错，我们传授的，正是我们需要学习的，这一点我深有体会。我一直想成为一个更积极的人和更好的领导者，正是这种追求，才使我成为一名优秀的老师。

我出生在纽约长岛的一个犹太裔意大利人家庭，虽衣食无忧，但我和我的家人心中却总是满满的负能量。我的父母是世界上最善良的人，却不是世界上最积极的人。我的父亲是一名纽约警察，他的主要工作是卧底缉毒，每天打击犯罪让他的心态有些消极。我记得有一天清晨，我向他问好，但他却用浓重的纽约腔嘟囔道："有什么好的？"

三十一岁的我已经成家，并且有两个可爱的孩子，可我却沉溺在恐惧、消极、紧张和痛苦的情绪中。妻子受够了如此消极的我，她对我下了最后通牒："要么改！要么离！"她说得没错，我确实需要改变。我知道自己正被生存压力一步步击败，同时，也清楚地意识到自己不能再消沉下去了。于是，我向妻子保证自己会改，并开始寻找变得更加积极的方法。

那时，积极心理学开始兴起，我读遍了所有相关资料，开始训练自己的积极性，并记录下自己所做的事情。我还见到了肯·布兰佳（Ken Blanchard）博士[1]，后来他成了我的偶像。我开始走出去向他人说谢谢，如此，我便可以学会感恩、享受户外运动、消除紧张、体会令人愉悦的感激情绪了。这是一次实现生命蜕变的体验，不仅使我在躯体上、情绪上和精神上获得了能量，同时也为我提供了充足的时间，让我对积极的力量有了更加深刻的认识和想法。

[1] 畅销书《知道做到》《一分钟经理人》作者，麦克·菲利奖获得者。——译者注（下文如无特别说明均为译者注。）

这些想法促使我写下了《活力巴士》一书。如果您不曾读过这本书，那么，请容许我为您介绍一下：故事的主人公是一名叫乔治（George）的家伙，他命运悲苦，心态消极，工作和生活都不顺心。乔治所在的工作团队秩序混乱，家中也是一团糟。描写乔治对我而言并非难事，因为他的人物原型就是我。他的故事，就是我在逆境中挣扎、与消极状态对抗的过程。

一个周一的早晨，乔治发现他的车胎扁了，只好搭公交车去上班，由此他遇见了司机乔伊（Joy）和其他一系列有趣的人物。谈话间，乔伊告诉了乔治生命旅程中的十条准则。这些准则不仅使他变得更加积极，也帮助他成为一名更好的父亲、丈夫和领导。

一方面，乔治用他的经历告诉我们，积极性能让我们在职场、学校、运动场和整个人生中表现不同。另一方面，它还告诉了我们一个事实：每个人都只有在克服消极情绪、走出困境、迎接挑战之后，才能取得自身和团队的成功。

自《活力巴士》于 2007 年问世以后，我开始有机会与使用该书的许多世界 500 强企业、职业运动队、医院、学校以及非营利组织合作。我也因此见到了许多优秀的积极领导者，见证了积极领导力发挥出的重要作用。我了解到他们是如何领导、激励和转换队伍和组织的，观察到了他们产生的积极影响和取得的成绩。我也研究了许多历史上的积极领导者，并学习了他们通向成功的途径和方法。我写这本书的目的有两个：

第一，向大家展示积极领导者如何以及为何与众不同；

第二，提供一个由实用建议构成的简单框架，以此帮助大家成为积极领导者。

在我看来，这是一件非常重要的事情，因为积极领导者同样也会激励其他人成为积极领导者。

去年，我的女儿在大学入学申请书中写道："我年幼时，母亲与疾病抗争，父亲与他自己抗争。一年一年过去了，我看到父亲正努力变得越来越积极。之后，他开始出书，到处演讲，希望将他的观点分享给他人。当看到他变得越来越好时，我清楚，如果他能改变，他们能改变，这个世界就能改变。"女儿的文字使我热泪盈眶，因为我意识到自己做出的"成为积极领导者"的决定，不仅影响了我的人生，也影响了我的妻子、孩子、工作团队以及周围的所有人。

  我希望你也能在生活中发现积极领导力的魅力,成为一名积极领导者,这不仅会使你变得更好,也会使你周围的人变得更好。这种改变,从今天就可以开始!

CONTENTS | 目 录

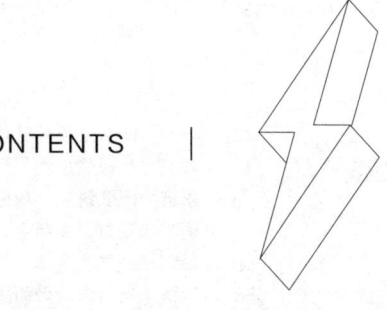

1	第1章 为什么正向团队 业绩更高？		
7	第2章 企业文化， 让团队更具 生产力	8 11 13 16 19 21	从亏损127亿到逐年盈利 苹果公司："文化胜过战略" 推行最具代表性的企业文化 做拥有执行力的号召者 西点军校的智慧：企业文化 需要亲自感受 持续浇灌文化的"树根"
25	第3章 愿景， 推动团队 快速发展	26 30 34 37	愿景是企业的"真北" 用"望远镜"发现愿景，用"显微 镜"实现它 别在终点前20公里处放弃比赛 100%的产出源于100%的投入

	第 4 章	42	乐观：团队发展的助推剂
41	搭建团队"心态"	46	喂养"积极的小狗"
	成长阶梯	49	永远为团队讲述"积极的故事"
		52	面临改变时，像新手一样思考
		55	如何战胜墨菲定律
		58	传递正向信念，带动团队内部赋能

	第 5 章	68	对抗消极心态的第一原则
67	消除团队中	71	赶走破坏团队的"能量吸血鬼"！
	的消极心态	73	避免"一个人破坏一支队伍"
		75	让你的"能量巴士"开得更快
		77	"不抱怨策略"，帮助团队逆袭

	第 6 章	84	警惕团队中的"谷仓效应"
83	多样化沟通：	89	团结，让普通球队打败天才球队
	打造高凝聚力	91	拉近成员关系的"安全座椅"
	团队	92	成就来自合作，而非孤立
		94	别让压力"劫持"团队激情

	第 7 章	98	如何让团队成员主动跟随你？
97	建立正向关系，	101	少一点规则，多一点沟通
	让团队达到	107	利用语言之外的沟通方式
	最佳状态	111	做团队中的最佳鼓励者
		115	成员越团结，团队更投入
		117	成为服务型领导者
		127	变革赋能方式，激发员工价值

	第 8 章	140	像耐克公司一样"永无止境"
139	追求卓越,帮助团队取得成功	143	用关爱和要求引导团队成长
		148	培养"匠人",而非"工匠"
		151	打造高效能团队的三大理念

	第 9 章	156	有目标才会有动力
155	用共同目标管理团队	158	"播种之地就在脚下"
		161	将团队目标分享给每一位成员
		163	真正的动力源自工作的意义
		165	选择你的"人生关键词"
		168	在目标延展中创造个人价值

	第 10 章	176	毅力:团队成功的第一要素
175	用毅力和热爱为团队赋能	179	"热爱"就是最好的动力
		182	做好接受失败的准备
		183	不被批评左右,坚定自己的方向

	第 11 章	188	唤醒激情,从主动改变开始
187	赋能带动团队正向循环	191	成功的前提:停止抱怨
		195	别再聚焦于错误事件
		198	传递未来影响力

	致 谢
201	

THE POWER OF
POSITIVE LEADERSHIP

CHAPTER 1 第1章

为什么正向团队业绩更高?

我们保持积极,不是因为生活很舒适;我们保持积极,是因为生活很艰难。

创立一个世界级组织有很多工作要做，发展一支成功的队伍也并不简单，我们会在为共同愿景工作并创造积极未来的过程中面临诸多挑战。改变世界并不简单，作为一名领导者，你将遇到许多困境和挑战，遭遇低谷和试炼。有时，你会感到全世界都在合谋反对你；有时，你想要放弃；有时，你的愿景看上去虚无缥缈。你要面对这些挫折并取得成功，这就是积极领导力如此重要的原因。

一些人对积极领导力不屑一顾，他们认为其中的"积极"是一种盲目乐观，它只属于虚幻的世界。事实上，舒适的生活会让我们安于现状、不够积极，而我们积极，正是因为生活艰难。

积极领导力是真实存在的，它能使伟大的领导者更加伟大。悲观主义者不会改变世界，正如批评家著书立说却不会书写未来

第1章 为什么正向团队业绩更高?

一样,爱唱反调的人只会谈论存在的问题而不会思考解决方法。纵观历史,我们能看到,正是乐观主义者、信念者、梦想者、行动者和积极领导者在改变世界。未来属于那些相信积极领导力,同时拥有信念和达观心态的人,他们能无惧挑战,创造未来。

杜克大学(Duke University)商学院教授曼优·普瑞(Manju Puri)和大卫·罗宾逊(David Robinson)曾做过一项研究,研究结果表明,乐观的人工作更努力,薪水更高,更容易被提拔,在运动竞赛中也更常获胜。

心理学家马丁·塞利格曼(Martin Seligman)的研究同样表明,相比消极的销售员,乐观的销售员拥有更优秀的业绩。

同时,心理学家芭芭拉·弗雷德里克森(Barbara Fredrickson)的研究显示,积极的情绪会让人更有可能拥有广阔的视野,建立良好的人际关系,在职场中表现出色,而消极情绪会让人更有可能视野变得狭窄,拘泥在问题中。

哈佛大学心理学博士丹尼尔·戈尔曼(Daniel Goleman)的研究显示,积极团队的业绩要高于消极团队。

美国华盛顿大学心理学教授约翰·戈特曼(John Gottman)在一项关于亲密关系的研究中发现,当夫妻之间的积极互动与消极互动的比例为3∶1时,更有可能拥有幸福的婚姻;当这一比例为1∶1时,婚姻可能会解体。这一结果也适用于工作团队:当团队成员的积极互动与消极互动之比大于3∶1时,团队的生产力会显著提高;若团队中消极互动更多,工作就会停滞不前,生产力也会下降。所以,与团队分享积极能量的意义重大。

韦恩·贝克(Wayne Baker)和罗伯特·克罗斯(Robert Cross)的研究表明:你越能激励周围的人,你的工作表现就越好。贝克指出,之所以会出现这种现象,是因为人们都愿意围绕在积极之人的身边,他们会吸引人才,而且人们更愿意将时间投入到积极之人的项目中,为他们优先提供新想法、新信息和新机会。

贝克补充道,如果你使周围的人垂头丧气,他们便不会停下自己的事来专门帮助你、和你一起工作。根据一项民意测验的结果,消沉的心态会影响工作团队的斗志、表现和生产力,每年会带来2 500亿~3 000亿美元的经济损失。

研究结果非常明确,积极性不仅关乎保持积极的心态,它同样能改变人的命运,帮助人们在商场、政界和体坛上获得竞争优势。

第1章　为什么正向团队业绩更高?

当悲观主义者抱怨未来时，他们内心的能量"吸血鬼"就在破坏未来。当现实主义者谈论未来时，乐观主义者正在和他人一起努力工作，创造未来。普瑞和罗宾逊的研究表明，我们的积极态度有助于我们创造一个自我实现的预言，因为乐观主义者相信未来是积极的，他们会自我催眠，更加努力地工作，从而使预言变为现实。他们的信念使得他们愿意采取行动让梦想成真。

积极的领导者往往会投入时间和精力倡导积极的文化，面对漫漫前路，他们创造和分享愿景，用乐观主义和信念领导追随者。他们勇于战斗，能够克服消极心态、直面困境、勇往直前。他们会投入所有精力将自己的组织团结起来，用心经营成员之间的关系，创建伟大的团队。他们相信未来，相信一切皆有可能，具备超强的行动力，能创建联结，壮大自己的队伍和组织，同时改变世界。

在接下来的几章中，我将带你仔细审视一个简单有力的正向团队赋能框架，你可以用它增进领导力，学会如何在实际工作中使用积极领导力。

正向团队赋能框架

○ 企业文化，让团队更具生产力；

○ 愿景，推动团队快速发展；

○ 搭建团队"心态"成长阶梯；

○ 消除团队中的消极心态；

○ 多样化沟通：打造高凝聚力团队；

○ 建立正向关系，让团队达到最佳状态；

○ 追求卓越，帮助团队取得成功；

○ 用共同目标管理团队；

○ 用毅力和热爱为团队赋能。

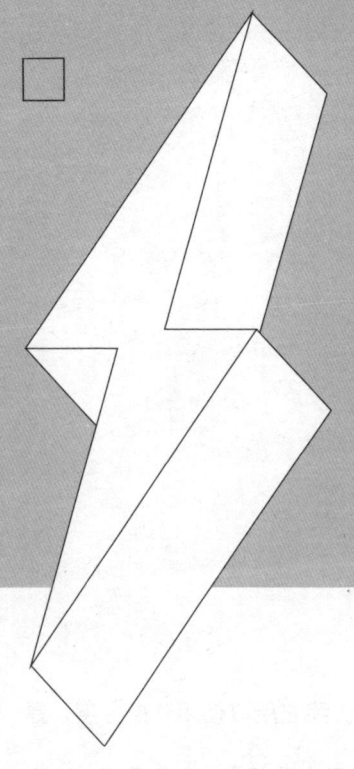

THE POWER OF
POSITIVE LEADERSHIP

CHAPTER 2　　　　　　　第 2 章

 **企业文化，让团队更具生产力**

文化不仅仅是文化，它包罗万象。

从亏损127亿到逐年盈利

积极领导者推行积极的文化。我之所以使用"推"字,是因为作为一名领导者,你就是"巴士司机",身担重任,决定着自己和团队的发展方向。

有一年的某天,我去一所学校演讲,台下大部分听众都是中小学校长,我同他们进行了交流,并将《活力巴士》中的原则和策略分享给了每个人。那年年末,我获知了两位校长对书中的原则和策略的运用情况。

其中一位校长在当天听完演讲回学校后,就给每位教职工发了一本《活力巴士》,并在每周召开的教职工会议上,亲自参与讨论和强调书中的原则。这位校长将所有精力投入到了创

第2章　企业文化，让团队更具生产力

建积极文化之中，通过一次次会议、一场场对话、一条条积极的信息，彻底改变了校园文化，为学校注入了活力，让教师和学生们的精神面貌焕然一新。

另一位校长得到的结果却不尽如人意，她告诉我，她也将《活力巴士》发给了所有教职工，并鼓励他们阅读，但校园文化并没有太大的改变。那时我意识到，你可以给团队一辆"巴士"，但如果没有再为他们配一位"司机"，"巴士"将无法开动。其实，造成两种情况完全不同的原因并不是因为一本书，也不是因为一场演讲或一份讲义，而是因为领导者不同。在推行文化的过程中，领导者这一角色十分重要。

作为一名领导者，你最重要的工作就是推行某种文化，而非所有文化。你必须创建一种文化，它能激励人，培养紧密的人际关系，促成伟大的团队合作，赋予人们力量并让他们成长，还能帮助人们获得最佳的工作状态。文化不仅仅是意识或概念，它包罗万象，决定了我们的期待和信念，期待和信念又决定了我们的行为，而行为又决定习惯，习惯则创造未来。一切都源于你在整个组织中创造和推行的文化，它是一切成功和伟大事业的开端。

推行文化不是一项能假手于人的任务，领导者必须花费时间

和精力创建属于自己团队和组织的文化。南希·克普尔（Nancy Koeper）曾是美国联合包裹运送服务公司（United Parcel Service, UPS）西北区域的负责人，她曾在整个组织内部推行积极文化，并让每位员工都成了积极文化的推行者。她希望提高员工的参与度和斗志，所以将《活力巴士》分发给了她下属的1 000名领导者，目的就是加强他们的积极领导力，鼓励他们同基层员工积极互动、增进关系。

克普尔要求这些领导者在阅读该书时，要讨论出具体的实施方法。接着，这些领导者又将《活力巴士》分发给了他们的下级，即另外11 000名更基层的领导者。这些人的任务很简单，就是保持积极心态、维持积极互动、增进员工关系。

我一直希望知道《活力巴士》能对一家公司产生多大影响，所以，当我在一年后听到南希的反馈时十分激动。她说，员工的参与度、斗志和表现都得到了很大的提升，注意力不集中和旷工现象也大大减少了。南希成功启动了UPS这辆"大巴士"，从而转变了公司的经营情况。

艾伦·穆拉利（Alan Mulally）是福特汽车公司的前CEO，在他的带领下，福特经历了史上最令人惊叹的转变。2006年，

第 2 章　企业文化，让团队更具生产力

他执掌福特时，这家公司刚刚损失了 127 亿美元，正处于破产边缘。但在穆拉利的领导下，仅仅三年后，福特开始逐年盈利。

穆拉利将这一不可思议的成绩归功于公司致力于推行和建立"一个福特"的文化，该文化的核心是"一个团队"，旨在让公司里的每位员工都对公司和其他员工倾力奉献。福特公司的转变并非偶然，穆拉利和我分享了他设计的管理体系，其中包含了一系列简单却有力的原则、哲学、行为和过程，这一切都在为创造公司文化而服务。福特的公司文化鼓励统一性、团队精神、互相欣赏的态度、透明性、安全性，甚至愉悦的心情。

我将会在这本书中和大家分享从穆拉利那里学到的经验。他将自己的领导力定义为积极领导力，他用成功向我们证明，只要积极领导者明白最重要的任务是推行积极文化，那伟大的积极文化就可以实现。

苹果公司："文化胜过战略"

史蒂夫·乔布斯（Steve Jobs）和史蒂夫·沃兹尼亚克（Steves Wozniak）刚创建苹果公司时，他们就希望创建的公司文化能挑战传统。他们做的所有事情，包括雇用人员、开展宣传和创造产品，都受到此种文化的影响。甚至在乔布斯去世后，这种文化仍然影响着每一位员工。

苹果公司曾因亮出"文化胜过战略"这一信条而名声大噪。当然，公司需要正确的战略，但文化能决定战略能否成功。我相信，只要苹果公司在其文化的引领下持续创新，它就能一直保持成功。如果它丧失了自己的文化，将会迷失方向，甚至会像那些大型企业一样，在迷茫中衰败。

几乎没人能比里克·亨德里克（Rick Hendrick）更懂得文化的重要性。亨德里克是亨德里克汽车集团（Hendrick Automotive Group）和亨德里克赛车队（Hendrick Motorsports）的创始人和所有者。

虽然全世界有成千上万家汽车经销商，但仍无法掩盖亨德里克汽车集团的光环，它是美国最大的私人所有的汽车经销集团，而亨德里克赛车队也是全美汽车比赛协会（National Association for Stock Car Auto Racing，NASCAR）史上胜绩最多的赛车组织。

通过与亨德里克汽车集团的领导者以及吉米·约翰逊

第 2 章　企业文化，让团队更具生产力

（Jimmie Johnson）的赛车队（亨德里克赛车队所有）进行对话，我了解到了两个组织令人惊叹的文化。很明显，这些文化都由同一个人推动着。

里克·亨德里克的领导风格极具代表性，他推行的文化深深根植于每位员工的思想中。他的员工好学、谦卑却不失斗志，每个人都希望成为最优秀的赢家。他们态度和善、心怀感恩且懂得欣赏他人的优点。他们追求卓越，总是充满正能量，而且持续影响着周围的人。

当你花时间仔细观察这两家成功的机构时，你就会意识到，文化的重要性绝不亚于战略，它能为企业鼓劲加油，让员工和企业共同成长。

推行最具代表性的企业文化

当你要推行和建立一种文化时，你必定会思考从哪儿开始。我觉得我们可以从这两个问题入手：

首先，我们所代表的企业文化是什么？

其次，我们希望凭借什么被人知晓？

在参观亨德里克汽车集团时，我就第一个问题询问了几位集团领导者，他们的回答是：公仆型领导力。他们告诉我，里克是带头人，但他在为公司做决策时会把自己放在末位。里克关注的是确保听到每个人的声音，因为能塑造公司的今天、明天以及未来的正是整个团队。他手下的领导者也很清楚，里克希望他们用同样的方式领导员工。

基于信任和尊重的团队合作也是亨德里克汽车集团的核心价值观。里克恪守的准则之一就是"我的智慧不如我们的智慧"。他一直强调，员工是公司最大的资产，如果善待员工，他们就会善待客户，只有同心协力，才能造就更伟大的事业。

在每一次周会议和月度会议上，员工们会相互分享实践心得。业绩优异的员工和大家分享自己在市场中是如何抢得先机的，这个环节在公司发挥了正面且有效的作用，振奋了整个公司的士气。里克是"正直"和"正确"的代言人，他善于聆听建议，坚持诚信做人，诚实做事。同时，亨德里克汽车集团和亨德里克赛车队的几位领导者也告诉我，他们有一种为赢而生

第 2 章 企业文化，让团队更具生产力

的热情，在取得胜利之前是不会轻言放弃的。

当我就第二个问题询问集团的领导者时，他们的回答是：责任感。他们希望通过持续进步的精神帮助员工实现自我和整个团队的提升，以及凭借自己的文化和胜利的方式而被大众知悉。他们会为过往的成功而欢庆，并且期待未来会更加成功。除此之外，他们致力于培养具有服务他人精神的精英。他们希望凭借自己给他人的生命和社会带来影响而被大众知悉。

亨德里克汽车集团的领导们在挑选雇员时要求十分严格，只有那些适应公司文化、接受公司的价值观，而且拥有高度职业素养的人，才能加入他们的团队。亨德里克汽车集团的领导者很清楚文化代表什么，他们要投入很大精力训练和培养员工，使员工能发挥出自己的天赋和才能，以及使公司获得可持续的成功。

波士顿凯尔特人篮球队主教练布拉德·史蒂文斯（Brad Stevens）曾告诉我，文化不仅仅是传统，它必须由团队创造。只有让人们适应并参与到你的文化建设中，文化才能真正发挥作用。

几年前，我曾有机会去西南航空公司（Southwest Airlines）做过演讲。当时，他们的咨询师建议他们向乘客收取行李费，原

因是行业竞争激烈，这项收费可以为他们带来数亿美元的收入。西南航空公司正在考虑这项提案，但他们问了自己这样一个问题：这是我们所代表的文化吗？"我们将竭诚为您提供友好、可信和低价的航空服务，帮助您到达生命中每一个重要的地方。"这才是他们的宗旨。

最终，西南航空公司决定，如果他们以经常出行的普通乘客为服务对象，且致力于提供低价航空，就不应该向乘客收行李费。你可能认为他们因此少赚了一大笔钱，但事实并非如此。他们开始大量投放广告，强调不收行李费。在此过程中，他们赢得了很多新顾客，市场份额随之提升，公司的收入创了新高。这是一个很有说服力的案例，它说明了，一旦你确定了自己所信仰的文化，就容易做出决定了。并且，当你在自己的文化指引下做决定时，就代表你已经走在通往积极结果的道路上了。

做拥有执行力的号召者

推行一种积极且高效的文化只用语言是不够的，毕竟，每个人都有自己的使命宣言，但只有伟大的组织才拥有具有号召力的

第 2 章 企业文化，让团队更具生产力

执行者。除非使命被执行，宣言被铭记，否则即便是世上最伟大的使命宣言也毫无意义。

我常常在和领导者交流时提到，不论他们在办公楼的墙面上写着怎样的核心价值观，如果员工无法践行，价值观就只是空话。还记得美国最大的能源公司安然公司吗？它因为财务舞弊而走向破产，具有讽刺意味的是，这家公司的核心价值观之一就是"正直"。

作为一名积极领导者，你不能只展示和谈论自己的价值观，还要以身作则，带领员工践行价值观。你必须推广自己的文化，并且明白这是你作为领导者的必要工作之一。如果你不设立榜样，没能履行自己的使命，那么你的文化就无法真正获得生命。每个人都可以创造和完善文化，但只有领导者才能定义文化，而员工可以决定他们是否要代表领导者的文化。

教育专家托德·威特克尔（Todd Whitaker）指出，组织中不成文的规定比那些成文的条例更重要。榜样展示出的组织文化显明了组织的实质，所以你要确保践行墙面上的价值观。不要试图向世界宣传你的使命，而是要向世界展示达成使命的过程，然后再动员和鼓舞员工推行和建立文化，因为积极领导者

知道,他们不可能凭一己之力完成所有事情。

作为一名领导者,你对团队文化建设投入的精力大小,决定了团队文化的质量。美国心脏数理研究所(HeartMath Institute)的研究表明,当你心中升腾起一种感觉时,这种感觉会传递给身体里的每一个细胞,然后再向外扩散,使得你周围三米内的人都能感受到你的这种气场。这意味着你每天都在不断地将自己的感觉传递给你的团队。这种感觉不仅包括正能量,也有负能量;有激情,也有冷漠;有坚定的目标,也有漠不关心的态度。

哈佛大学的研究也支持这一观点,即一个人的情绪可以感染周围的人。也就是说,你可以把自己的坏情绪像流感一样传染给你的团队,不过,你的好情绪也可以感染他们。

作为一名领导者,你的态度、能量和领导是有感染力的,会对公司的文化产生巨大的影响。伟大的文化和团队都建立在积极且有感染力的能量之上,所以,领导者保持积极的情绪尤为重要。

当你走进办公室或会议室,又或者田径场时,你都需要做出决定:是要成为团队的"有害细菌",还是成为一份大剂量的"维生素C营养剂"？我们需要清楚的一点是，变得积极且富有感染力并不要求你性格外向，分享正能量也并不意味着你要成为"啦啦队长"或"演说家"，这种分享更多地来自于你的本质而非你的言语。所以，你需要发自内心地传播对团队、组织和使命的爱、激情、积极性和目标。

二战时期，丘吉尔领导英国抗击希特勒时，人们都认为他看上去比战前要年轻二十岁。在英国最黑暗的岁月里，那些看似无法完成的任务让丘吉尔充满了力量，他用激情和颇具感染力的能量激励着他的人民，他那铿锵有力的话语和演讲正是他内在力量和坚定信念的外在体现。

西点军校的智慧：企业文化需要亲自感受

2014年夏，我在参观西点军校时，遇见了同在参观的美国男子篮球国家队，他们之所以来此参观，是因为外号"老K教练"的迈克·沙舍夫斯基（Mike Krzyzewski）想让队员们感受美国精神。

老K教练深知这是一个特殊的地方，毕竟他曾是西点军校的一员。他出自鲍勃·奈特（Bob Knight）① 门下，后来成了杜克大学队主教练，并将其打造成了美国最成功的大学篮球队之一。老K教练知道，若队员们只是听他谈起西点军校，是无法理解这所学校的特别之处的，他们需要亲身体验和感受。他说："你们不能就只是谈论这个地方，或看它的宣传影片，你们必须去亲自感受它。"老K教练明白，如果空谈服役和牺牲，情况也是一样的。

所以，在参观之初，老K教练带领队员们参观了西点公墓，还在那里见到了牺牲士兵的家属，了解了他们的亲人是如何为国捐躯的。虽然队员们知道何为服役，何为牺牲，但直到亲眼看见牺牲士兵的坟墓，亲耳听到他们的事迹，亲身感受到他人失去亲人的悲痛时，他们才能真正理解服役和牺牲的概念。

这对我而言同样是有冲击力的一课，亲身体验远比听说更有力量。你不能只告诉人们在你的文化中哪些是最重要的部分，而是要让人们真切感受到什么才是重要的。即不仅是听你所说，还要感受你所为。

---

① 美国篮球教练，截至2017年，他在执教生涯中荣获了三次NCAA总冠军、一次全美邀请赛冠军、902场大学比赛的胜利，并率队获得了1984年奥运会男篮金牌。

第2章 企业文化，让团队更具生产力

持续浇灌文化的"树根"

如果文化如此重要，为何仍有许多领导者忽视它？因为，文化不易衡量，仅仅计算树上果子的数量要比给树根施肥容易得多。你可以衡量销售，计算出收入、成本、利润、亏损，得知确切的结果和成绩，而在文化建设中，我们需要花费许多时间和精力去推行和维持，且无法在短期内获得结果。然而，世人都在用结果评价领导者，这就导致了许多领导者只关注结果。他们关注树上的果实而忽略树根，殊不知，这会让树迅速枯萎。若你为树根施肥，自然就会收获大量的果实。文化就是树根，你需要关注的是为果实提供营养和生产果实的过程。

我曾和麦克·史密斯（Mike Smith）教练合作写下了《在更衣室赢得先机》一书。书中，我们探讨了他在亚特兰大猎鹰队（The Atlanta Falcons）担任主教练的前五年是如何在美国国家橄榄球联盟（National Football Conference，NFL）中保持前三名的胜率的。但五年后，球队在之后的两个赛季里总共只赢了10场比赛，原因何在？在麦克任职主教练的第五个赛季里，猎鹰队闯进了NFL冠军赛，却与超级碗总决赛失之交臂。自那以后，他们一直致力于闯进超级碗总决赛。

在麦克担任主教练的前五年，猎鹰队关注训练过程、团队文化、队员之间的人际关系，但在与超级碗总决赛失之交臂的后两年里，组织中的每个人，包括麦克在内，都转而开始关注结果。他们担心，若不能闯入超级碗总决赛，媒体、粉丝和联盟中的其他成员就会认为他们是失败的。压力随之而来，并很快在猎鹰队中蔓延。

麦克说，他在让团队理解他们辛苦创立的文化方面做得不够好，他们以一种痛苦的方式学到了，文化可以像橄榄球比赛的赛况一样瞬息万变。他忽视了团队所承载的压力，让弱化团队的势力乘虚而入了。在他们停止灌溉"树根"后，整个世界都看到了他们这棵"大树"的枯萎。这是一次他永远都不会忘记的教训。

麦克·史密斯知道，文化不能靠自身维持，它需要被维护。你必须持续地创建、强化、激活和保护文化，要为它而战。积极领导者并不会生活在一个盲目乐观的世界里，他们清楚地知道，每一天都有可能出现破坏他们的文化和成功的力量，所以他们必须持续无休地维护自己的文化。

最近，我为美国棒球教练协会（American Baseball Coaches

Association）做了一次演讲，分享了匹兹堡海盗队（Pittsburgh Pirates）的副总经理凯尔·斯塔克（Kyle Stark）是如何沉迷于他的文化的。

凯尔也是这次演讲的听众之一，我在演讲结束时看到了他，并为自己用"沉迷"一词而道歉，他却回应道："没关系，你说得没错，我确实沉迷其中。有许多力量能帮助我们将一个失败的组织转变为不容忽视的竞争者，文化就是其中之一。在文化建设上，我一直没有放松过，我将持续捍卫它，并在现有文化的基础上进一步建设我们的文化。"

我从许多伟大的领导者身上学到，你必须投入精力建设你的文化，让它变得更强大，直到任何力量都无法破坏它。我学到，你和你的团队必须珍视自己的文化，并达到一种能为之奋斗的境界。我还学到，一旦你创建的文化值得人们为之奋斗，并且你在员工身上投入了足够的精力，让他们愿意为你的文化去奋斗时，你的组织就将拥有迎接挑战的勇气和能力，并且拥有一股势不可挡的积极力量。

THE POWER OF
POSITIVE LEADERSHIP

CHAPTER 3　　　　　　　　　第 3 章

愿景，推动团队快速发展

拥有一个引人注目的愿景和周详的计划十分重要。积极领导力传达了一个观点：前方总会有路。它是如此重要，因为你的领导目的就是为了解决如何推动组织前进的问题。

——艾伦·穆拉利

福特汽车前 CEO

愿景是企业的"真北"

积极领导力不仅关乎预见和创造一个更光明和更美好的未来，它还关乎发明、革新、创造，也关乎教育、医疗、商业、政府、科技、农业。总之，它与我们生活的方方面面和我们所在的世界息息相关。当领导者分享大胆的想法、富有想象力的目标和看上去不可能实现的梦想时，一些人可能会觉得好笑，但是，这些看似不切实际的想法、目标和梦想，正是积极领导者织成的锦缎，它可以用来创造未来，改变世界。

曾几何时，拍摄《星球大战》(*Star Wars*)还只是乔治·卢卡斯（George Lucas）心中的一个想法，但这部电影现在已经成了无法超越的经典。原本，创作《哈利·波特》(*Harry*

第 3 章 愿景，推动团队快速发展

Potter）只是 J.K. 罗琳（J.K.Rowling）的愿景，而现在，她笔下的哈利已经成了人尽皆知的明星角色。约翰·肯尼迪（John F.Kennedy）曾梦想将人类送上月球；罗纳德·里根（Ronald Reagan）曾希望看到柏林墙在倒塌前被拆毁；在整个世界都为苹果产品疯狂之前，史蒂夫·乔布斯就已经在脑海里勾勒出了 iPod 和 iPhone 的模样；亚伯拉罕·林肯（Abraham Lincoln）曾有实现美国统一的愿景；马丁·路德·金（Martin Luther King）曾梦想着人人平等；乔治·华盛顿（George Washington）曾在独立战争之前就设想过革命和自由。这些在当时被认为是天方夜谭的愿景，后来几乎都实现了。

历史告诉我们，所想即所得。积极的领导者能预见哪些想法可以实现，并能动员和团结他人的力量付诸实践。其实，每项发明、项目、创造和转变最初都始于一个想法、可能的愿景或想象。如果你拥有愿景，那么你同样可以拥有力量让它变成现实。积极领导者能发挥愿景的力量，探寻前路的方向。

不过，积极领导者要想让他人变成自己的支持者，并将他们集结起来，就必须用一种简单、清晰、大胆和令人信服的方式向人们传达愿景。比如，福特汽车的"一个福特"，国

际商业机器公司（International Business Machines Corporation, IBM）的"共同建设智慧星球"，通用汽车（General Motors Corporation, GM）的"设计、建造和销售世界上最好的汽车"，供养美国（Feeding America）[①]的"没有饥饿的美国"，阿尔茨海默病协会（Alzheimer's Association）的"没有阿尔茨海默病的世界"，福特本德独立学区（Fort Bend Independent School District）的"鼓励和支持学生创造超乎想象的未来"，这些成功的机构都是将愿景浓缩成了一句口号，用以团结和激励人们。

口号不应像《战争与和平》（War and Peace）这样的小说一样长，或者像满是流行词汇或晦涩术语的段落一样令人费解，它应该简洁、容易记忆、让人信服和富有激情。马丁·路德·金的"我有一个梦想"能被世人铭记也正因如此，如果他说的是"我有一个应该可以实行的战略计划"，我想，情况就会有所不同了。

金宝汤公司的CEO道格·科南特（Doug Conant）曾告诉我，为了团结公司里的每一个人，给他们指明正确的方向，他在成为公司领导者后所做的最重要的事情就是与员工分享自己的愿景。不论是只有几人参加的销售会议，还是数百人参加的大会，他都

[①] 美国最大的救助饥民的慈善组织。

会分享自己的愿景，即"通过时刻为人们的生活提供营养来建立世界上最杰出的食品公司"。在他带领公司离开破产边缘走向盈利后，科南特仍没有停止宣传自己的愿景，他希望让每一位员工都明确前进的方向。

积极领导者创建和分享的愿景如同北极星一般，为组织中的人指明道路，并推动他们向前迈进。领导者必须不断强调这颗"北极星"，并时刻提醒员工目的地在何方。"没错，我们昨天是在这儿；没错，这是发生在过去的事；没错，这是我们目前正在前往的地方。"世界总在变化，所以我们无法制订完美的计划，但我们拥有北极星作为出色的向导。虽然没有完美的路线图，但我们知道前方的路，且总有人相伴随行。让我们定睛于"北极星"，一直前进，永不停歇。

分享愿景之所以如此重要，是因为人人都需要一个能寄托他们的期许，并能为之奋斗的目标。作为人类，变得伟大和建立伟大事业的渴望与生俱来。我们希望创造一个更光明、更美好的未来，但恐惧常常使我们止步，紧张削弱着我们的意志，困难考验着我们的决心，逆境使我们几欲放弃。一位向他人分享愿景和前进方向的领导者就像是一位希望交易员，是"不可能"

的信念者、"可能性"的守护者，以及指引和激励团队不断提升和前进的教练员。

用"望远镜"发现愿景，用"显微镜"实现它

作为一名积极领导者，你会希望在旅途中带上一支"望远镜"和一台"显微镜"。"望远镜"帮助你和团队看清愿景；"显微镜"帮助你聚焦短期内必须达成的目标，从而实现望远镜中的愿景。

如果你只有"望远镜"，那么你就会一直空想愿景，一直梦想着未来却不会采取必要的措施去实现它。如果你只有"显微镜"，那么你只会埋头苦干，被挫折和挑战轻易击败，因为你无法看到宏大的图景。你需要常常拿出"望远镜"提醒自己和团队的前进方向，同时，你也需要通过"显微镜"来关注基于你所承诺的愿景，分清轻重缓急以及明确接下来应该如何做。如此一来，你就能带领团队和组织抵达目的地。

我喜欢在每次演讲即将结束时，同台下的听众做一个小小的练习：写下自己的愿景，写下想要成为一名更好的领导者所需要

第3章 愿景，推动团队快速发展

关注的具体行为。你也可以和团队以及组织中的成员做这个练习，让他们写下自己的愿景以及实现愿景的方式。

过去五年来，我一直在同达博·斯温尼（Dabo Swinney）教练和克莱姆森大学橄榄球队（Clemson Football）一起工作。达博曾告诉我，他在2008年赛季中期被任命为球队的临时主教练，随后，他和克莱姆森大学的理事会开了一次晨会。

会上，一位理事会成员表达了他的愿景：克莱姆森大学将创建一个项目，这个项目会让克莱姆森大学和其他学术出色以及成绩优异的大学一样。在开会前，达博几乎一夜未眠，他早已有了自己的想法，而当时的境况并不是表达的最佳时机，他不断地对自己说："不要说，不要说！"但是，他还是没能忍住："先生，我并不是有意冒犯你，但那根本不是我的愿景，我的愿景比这更远大。我希望能创建一个项目，让克莱姆森大学橄榄球队成为所有橄榄球队的榜样。"

那时，他们都认为达博只是在信口开河，但其实他早已准备充分，在征途中带上了"望远镜"和"显微镜"。2011年，他明确了自己的信条，设立了目标，即将克莱姆森大学橄榄球队打造成最完美的球队，让它成为业界标杆。达博在橄榄球界内外所做的每件事都力求杰出，做到最好。此后，克莱姆森大学橄榄球队成了常胜将军，连续两年在大学橄榄球季后赛国家锦标赛中胜出。《华尔街日报》曾依据赛场上和战略上的成功对美国所有大学的橄榄球队进行排名，克莱姆森大学橄榄球队脱颖而出。达博在向我展示排名时说，这是最让他感到自豪的事，这是他上任时的愿景，也是他每天都在努力实现的目标。

在征途中，还发生了一件有趣的事。达博成为主教练后，向体育部主任申请给他的办公室配一台电视以便观看比赛和记录镜头，但他被告知这不在预算内。所以，达博用自己的钱买了一台电视，并一直用到今天。如今，球队已经有足够的预算为达博配备最好的设备了，但这台旧电视对他而言有特殊的意义。他曾用双臂抱着电视，开玩笑似的对我说，如果他离开克莱姆森，会带上它一起走。

2017年，克莱姆森买下了价值5 500万美元的设备和设施，其中包括最新的训练和康复器械、午睡室、保龄球道、游泳池和许多台达博需要的电视。这些顶级设备和设施，证明了达博的愿景的强大力量。

如同大多数顶级教练一样，达博拥有赢得国家锦标赛的愿景。

第3章 愿景，推动团队快速发展

2015年赛季前，我在训练营做演讲时，达博给了我一件T恤，胸前印着"就做这个梦"，背后印着"15∶15，2016年1月11日"。他说，这两句话来自一个梦："我梦到我们在明年1月11日参加国家锦标赛，正为夺得15连胜而奋斗。"那时，我在想谁会有足够的胆量穿上这件衣服。达博说，如果他们在大学橄榄球季后赛中获胜，他们就将在克莱姆森橄榄球运动场举行比萨派对。结果，他们真的赢得了比赛，有30 000人现身比萨派对。

其实，达博并不知道会有多少人参加，也不知道如何保证每个人都能拿到比萨。但是，就像电影《梦幻成真》(*Field of Dreams*)一样，如果你明确了自己的梦想，整个世界都会帮助你。当时，南卡罗来纳州的所有比萨餐厅都聚集在一起，为30 000人提供比萨，那真是一个令人惊叹的派对。

如果你看过2015年的国家锦标赛，就会知道克莱姆森大学输给了亚拉巴马大学，达博没能将他在2011年提出的愿景变为现实。然而在赛后，我在克莱姆森大学橄榄球队的更衣室里并未见到垂头丧气的队员，反而见证了一场永生难忘的积极领导力的展示。达博告诉自己的团队，他为他们而骄傲，他们只是没有发挥出全部的能力击败亚拉巴马那样优秀的球队。达博继续表扬他的团队，肯定他们获得的所有成绩，感谢那些资历较深的队员为团队贡献了很多宝贵的经验。

接下来，他开始谈论第二年的赛季，并表达了自己对未来的憧憬。他同队员分享了愿景，并且说道："明年，我们还会回来！"随后，达博拿出自己的"望远镜"，同大家分享了他对未来的规划，以及他们接下来将要达到什么目标。这为我留下了深刻的印象。达博和他的团队刚刚失掉了全国锦标赛，但他仍能立刻用愿景鼓励团队。

那时，他告诉我，积极领导者不论处境如何，不论遇到什么挫折和失败，都会保持自己愿景的活力，持续地分享愿景以激励他人。2016年，克莱姆森队再次迎战亚拉巴马队，这一次，他们在最后一秒触地得分，戏剧性地赢得了胜利。说起生命中千载难逢的时刻，那一定是愿景实现、梦想达成的时刻！

别在终点前 20 公里处放弃比赛

保持愿景的活力非常重要。以马拉松运动员为例，极少有人会在起跑后的第一公里放弃比赛，也极少有人在最后一公里放弃

第3章 愿景,推动团队快速发展

比赛。在我的设想中,应该会有许多人在最后一公里放弃比赛,因为他们在经历了长距离的赛跑后,体能已所剩无几。

然而,他们之所以没有放弃,是因为终点就在眼前,他们的愿景会赋予疲惫的身体以巨大的能量,在身体快要放弃时带领他们突破极限。事实上,大多数马拉松选手会在赛程过半,即大约二十公里处放弃比赛。那时,他们的身体疲惫,且前方仍有很长的距离,这又会让他们精力枯竭。最后,他们丧失了自己的愿景,放弃了比赛。

其实,我们都会遇到"二十公里处"。我给公司、学校和组织演讲时,我会鼓励听众写下他们所经历的"二十公里处"。接着,我会鼓励他们写下一句话:保持你愿景的活力。因为如果你能保持愿景的活力,就会像达博一样,一路勇往直前。

我在本书中谈论了大量的概念和想法,但我写这本书的目的不仅仅是和大家分享原则、故事和理念,还希望为大家提供具有实操性的方法。

本着这种精神,将想法和愿景转为事实的方法之一就是和你所领导的人进行沟通。你可能领导着 150 人,1 500 人,甚至是 15 000 人,不论人数多少,你都要保持沟通顺畅,将信息直接传达给他们，并确保这些信息能传达至整个团队和组织。在每场谈话的过程中，你不仅要分享自己的愿景，还必须要求每个人都去认识这一愿景对他们的意义。

愿景成为现实的前提是它必须对团队的每个人都有意义。例如，在和南卡罗来纳州的帕尔梅托健康里奇兰纪念医院（Palmetto Health）的领导者们谈话前，我采访了一批医院的员工，令人惊讶的是，他们对公司的愿景倒背如流，而且能够清晰明确地告诉我愿景是如何在个人层面上产生共鸣的。

当你的团队成员意识到愿景对他们的意义时，首先请询问他们的个人愿景是什么，以及个人愿景如何与团队的愿景相融合。接着，再询问他们在实现个人愿景的过程中需要什么帮助，以及你能为他们提供什么。最后，询问他们你需要做什么才能让他们对组织一直有责任感。

如果能和每个你所领导的人这样开诚布公地沟通，并且持续地同他们讨论个人和团队的愿景，你终将会看到愿景变成现实。据调查显示，当人们知道自己是如何为一个更大的愿景贡献力量，同时工作中又有更大的目标，并感受到领导真诚的关心时，人们的参与度会大幅提升。

第3章　愿景，推动团队快速发展

100%的产出源于100%的投入

我之所以喜欢学习和谈论愿景的力量，是因为愿景能够使我克服种种困难，督促我完成所有工作。2005年，我曾乘飞机前往俄勒冈州（Oregon）波特兰市（Portland）演讲。当时，我还在经营着三家连锁餐厅，它们占用了我的大部分时间，也消耗了我的演讲精力。当我看到一篇名为《如何知道何时抛售你的生意》(*How to Know When to Sell Your Business*)的文章时，我想也许现在就是卖掉餐厅的时候了。

不久后，我又看到一篇名为《如何为你抛售的生意估价》(*How to Value Your Business When Selling*)的文章，我认为这并不是偶然。于是我告诉妻子卖掉餐厅的打算，因为我要将百分之百的精力投入到我真正喜欢的写作和演讲中。妻子对我的决定感到担忧，她问我，如果演讲和写作不顺利，情况会怎样？

当时，我每个月只有少量的演讲工作，没有出过一本畅销书，卖掉餐厅也不会让我们变得十分富裕。我告诉她，现在没有其他选择，我相信自己的决定。就是在那时，我确定了自己的愿景，即鼓励尽可能多的人，为他们提供力量。

卖掉餐厅六个月后,因为写作和演讲进行得不太顺畅,我开始焦躁不安,向上帝祈祷。那时的我被恐惧和疑虑所包围,在快要跌入谷底时,《活力巴士》逐渐在我脑海中成型,我开始疯狂地写作。可是,当我把稿件寄往各个出版社后,却连续收到了三十多封拒绝信。代理商甚至让我考虑放弃寻找出版社,选择自己出版。

我曾想过放弃,好在有愿景一路扶持。当我坐在全美最大的连锁书店巴诺(Barnes and Noble)里,幻想着自己的书能出现在这里的书架上时,看到了一些约翰威立国际出版公司(John Wiley and Sons)的书。我让代理商将稿件寄送给他们,于是手稿出现在了香农·瓦戈(Shannon Vargo)的办公桌上。香农读完稿件后,被书中的故事吸引,立刻决定出版它。我仍然记得收到出版通知那一刻时的心情,那真是生命中最美妙的时刻之一,我终于可以实现和分享愿景了。

《活力巴士》在韩国面市后,立刻跻身畅销书榜前十位,但美国却没有一家书店有售。我的愿景再一次受到考验,我决定在美国的28座城市展开巡游,和大家分享这本新书,同时也期待能激励和赋予更多人力量。我画出了行程图,计划驾车穿越全美。那时候，在到达每个城市之前，我都会联系当地的广播电台和电视台，希望能让我在他们的节目里宣传。此外，我还会在每一个城市的图书馆和咖啡店计划开几场签售会。坦诚地说，我并没有一份高效的计划，却不乏勇气和拼劲。一开始，我参加的电视台和电台节目的收视率和收听率都不高，赶来签售会的人也寥寥无几。

行程并不容易。我将妻儿留在家中，带着对他们的思念，开车穿越数千公里，经过沙漠、田野和高山，也曾因身体不适而病倒过。不过，机会总会降临在有准备的人身上，我在途中得到了一些机会。我曾遇见过一位校长，于是受邀到他的学校进行了一场演讲；我还遇到过一位商人，于是受邀到他的公司进行了一场演讲；我还遇到过一位教练，便第一次受邀到职业运动队进行演讲。我并没有什么宏伟的计划，但愿景指引我不断前进着，让我认识了很多杰出的人。

十年后，我的愿景仍然督促我不停地向前，这就是我写这本书、创建积极大学和开始《活力巴士》校园计划的原因。其中，校园计划的使命是转变教育界普遍存在的消极文化，创建积极的校园文化，培育积极的领导者（不论是成人还是学生）。

我曾在自己的生命中体验过愿景的力量，当你肯为一件事付出时间、精力，并为之努力奋斗时，便没有什么能让你退却。要知道，你拥有宇宙中最伟大的力量，一种能看到积极未来并创造它的力量。

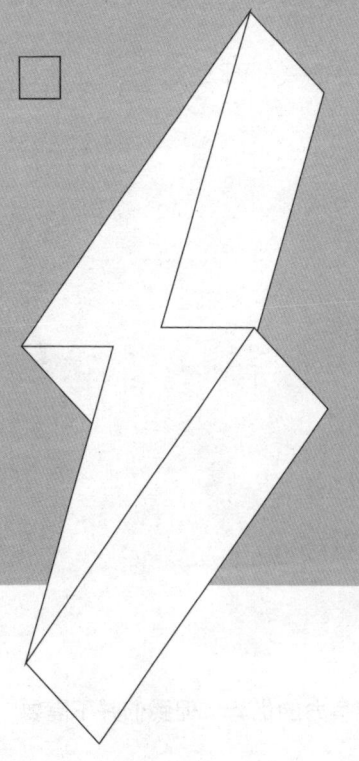

THE POWER OF POSITIVE LEADERSHIP

CHAPTER 4　　　　　　　　第 4 章

搭建团队"心态"成长阶梯

领导者最重要的性格特征就是乐观。

——鲍勃·艾格（Bob Iger）

迪士尼 CEO

乐观：团队发展的助推剂

研究表明，乐观是一项有竞争力的优势，但我们并不需要研究来告诉我们已知事情的正确性。毕竟，如果你不相信自己的愿景，并且对自己的目标持悲观态度，就会变得像许多人一样，在即将实现梦想时选择放弃。他们放弃是因为斗争艰难、心态消极、恐惧反对、他人唱衰和无法超越。

你是否还记得我在前文中提到的里克·亨德里克？他不仅将亨德里克汽车集团打造成了美国最大的私有汽车经营集团，同时也将亨德里克赛车队升级成了胜率最高的赛车组织。他将乐观列为成功的第一要素，因为乐观主义、积极心态和信念是推动组织向前发展的助燃剂。

第4章 搭建团队"心态"成长阶梯

唐娜·奥兰达（Donna Orender）在担任美国职业高尔夫巡回赛战略发展的高级副总裁时，为美国职业高尔夫球协会高尔夫用品展（Project of Global Acces，PGA）开发了全新的发展路径，创建了前所未有的盈利模式，采用了很多从未尝试过的想法和倡议，实现了收益的指数级增长，并使赛事更加受人欢迎。这些要得益于她在美国女子篮球联盟（Women's National Basketball Association，WNBA）担任要员的经历，当时她负责改善和提升大众对职业女子篮球的喜爱度。

奥兰达将同样的方法运用在PGA，取得了非凡的成绩。她用乐观主义领导下属，为团队和组织建立共同的信念。她在担任WNBA要员时，公司里有很多消极的声音。因为公众对女子篮球的关注度低，所以员工对组织的成功运营缺少信心。但是，奥兰达看到了教练和球员身上的热情和乐观精神，这让她坚信WNBA会有美好的未来。

奥兰达将相信她的人集结起来，建立了一个乐观的信念系统。她说："你需要用充足的理由说服别人相信你，用实际行动让别人认同你。"对于那些一直无法相信她的人，奥兰达让他们离开了，因为他们当时处在了错误的位置上。奥兰达说：

"我常常相信万事皆有可能,没有什么问题解决不了。生活就像一道答案众多的选择题,你必须寻找最佳答案,不仅要保持乐观的心态,还要保证行事有效,这事关如何最大程度地利用好我们的精力。一旦你选定了前进的路,就要坚持到底。"

在玛瓦·柯林斯(Marva Collins)身上,乐观主义和信念的力量得到了最佳展现。1975年,出于对官僚主义和公立教育教学的失望,她在芝加哥附近穷困潦倒的加菲尔德园(Garfield Park)开办了西岸预备学校(Westside Preparatory School)。

在那里,她教那些被贴上"学习障碍"标签的孩子阅读和写作。虽然教育体制无法接纳他们,但柯林斯相信如果他们自律、有条理、勤奋且积极向上,他们就能够学好。她常常用双手托住这些孩子的下巴,抬起他们的头,说:"你真聪明。"后来,柯林斯的学生说,当你一直被人夸赞很聪明时,你就会开始相信它。

《60分钟》(60 Minutes)[①] 对柯林斯做了一次专访,还将她的那些功成名就的学生请上了节目。那些曾经不被学校接受的孩子,现在成功地从大学毕业,成为教师、律师、企业领导者。

[①] 美国知名的新闻电视节目,由哥伦比亚广播公司(CBS)制作,自1968年开始播出。

第 4 章 搭建团队"心态"成长阶梯

他们的经历,就是积极领导力最好的证明。

人们经常说眼见为实,但是为了看见结果,你必须相信它们是可能实现的。20 世纪 90 年代,纽约市由市长鲁迪·朱利安尼(Rudy Giuliani)当政,威廉·布拉顿(William Bratton)是他手下的一名警察要员。当时,该市面临着严重的治安问题,很多人说这个问题没有解决的希望,但他们却做到了。

在布拉顿被问及他是如何做到的时候,他说,他以个人身份面见了五个自治区的长官,并且问了他们每个人同样的问题:"你相信你们区域的犯罪率能降低吗?"三位长官回答不能,两位回答可以。布拉顿说:"不幸的是,我那天不得不解雇那三个人。如果你不相信自己可以赢,那还玩什么游戏?"

道格·科南特在成为金宝汤公司的 CEO 后,也面临着同样严峻的挑战。那时,这家标志性的汤类公司似乎要走向破产了,也可能将被另一家公司收购。科南特表示,在评估公司后,他必须做的第一件事就是解雇公司高层 350 人中的 300 人,原因是他们不相信公司的境况会变好。因为他们看不见也不相信前方有路,所以科南特不得不将他们解雇,换上乐观主义者来帮助他转变公司的境况。他和那些乐观主义者齐心协力,一起关注新愿景，共同创建员工高度参与的团队文化，最终，金宝汤公司再度成为行业内首屈一指的生产商。

我并不是说作为一名领导者，就必须解雇所有悲观主义者。对威廉·布拉顿和道格·科南特有用的方法，不一定适用于每个人。我只是提供一些事例，来证明领导者的乐观主义和信念的重要性。信念能帮助我们克服挑战，改变消极和看似无助的境况。事实是，如果你没有乐观主义和信念，就很难转变团队和组织的境况。

所以，首先需要转变的就是你自己。在你关注团队和组织里的其他人之前，先问问自己，你是一位积极领导者吗？你相信公司的未来吗？你乐观吗？你是否已将积极性传递给员工了？也许你像我一样，并非天生积极，也许你必须努力才能变得乐观，好消息是，乐观和积极都可以后天培养。

喂养"积极的小狗"

我在《积极的小狗》一书中讲述了这样一个故事：马特（Matt）和布巴（Bubba）是住在收容所里的两只小狗。马特总

第 4 章 搭建团队"心态"成长阶梯

被人称为小杂种,长此以往,他变得非常消极。布巴是一只积极的小狗,他教给了马特重要的一课。他说,我们身体里都有两只小狗,一只是积极的,一只是消极的,但他们关系不和,所以一直在打架。马特问布巴谁赢得了战争,布巴回答说:"那只你喂养得最多的。因此,请喂食积极的小狗。"

我们每天都进行着消极与积极的对抗战争,每时每刻和每种境况都带给我们认识积极或消极的机会。我们可以选择喂养积极小狗或消极小狗,不论我们喂养哪一个,它都会长大。因此,请喂养积极的小狗。

詹姆斯·吉尔斯(James Gills)博士在 59 岁时完成了一项壮举——铁人三项。我询问他是如何做到的,他说:"我曾学着和自己对话,而不是听从我自己。如果我听从自己,那我会听到自己应该放弃的所有原因。我会听到:我太累了、太老了、身体太弱了,以至于无法做成某事。但如果是和自己对话,我就可以给自己加油鼓劲,以保持能够继续奔跑直到终点的力量。"

在生活中也是一样,我们经常听从自己,却总是听到抱怨、自我怀疑、恐惧和导致不幸、失败的消极话语,但消极的想法并非是不可战胜的,它们大都来源于恐惧,而恐惧实际上是一个说谎者。我们可以不去听信消极的谎言，而选择相信积极的事实。我们可以在谎言面前说出真相，用能给予我们力量的词汇、想法和信念战胜挑战，创造精彩的生活和事业。不管前进的道路上发生了什么，只要一直向前奔跑、保持积极、和自己对话（而不是听从自己），就会迎来冲破终点线的那一刻。

另一种喂养积极小狗的方式就是改变思维方式和看待这个世界的方式。例如，在春季训练期间，当我参观一些主要的联盟棒球队，并和他们的成员对话时，经常从球员和教练那里听到"棒球是一场失败的游戏"。毕竟，即使是队员中的佼佼者，能击中球的概率也不会超过三分之二，投手可能会放弃击球转而进行全垒打，守场员也会犯错。没错，棒球就是一个人们时常会犯错的比赛，可我认为它并非一场失败的游戏。

和队员们谈话时，我转换了角度，说道："我不相信棒球是一场失败的游戏，它是一种充满机会的比赛！"不论前面的比赛、前一次投球和击球的结果如何，球员们都得到了让下一次表现更好的机会。用贝比·鲁斯（Babe Ruth）[1]的话来说："每个动作都

---

[1] 1895年2月6日至1948年8月16日，美国职业棒球运动员。他带领扬基队取得过多次世界大赛冠军，曾经创造了连续三次打破大联盟全垒打纪录。1936年入选棒球名人堂，有"棒球之神"之称。

让我更接近下一次全垒打。"

生活也是如此。每个人在追寻任何有价值的事情时，都不能避免失败。我当然也失败过很多次，但当我回头看时，会意识到自己因失败而成长了。你可以细想过去，或向前看，去创造精彩的未来。你可以将人生视为一场失败的游戏，也可以视为一场充满机会的游戏，重要的是，你该如何看待它。

永远为团队讲述"积极的故事"

当"9·11"事件、俄克拉何马州城市爆炸案、波士顿马拉松赛袭击事件这类恐袭事件发生时，我们可以选择事后描述这一事件的方式。恐怖袭击分子希望我们把故事讲得足够骇人和令人绝望，然而，那些生活在纽约、俄克拉何马州和波士顿的人决定要告诉这个世界一个不同的故事。他们所述说的故事充满力量、坚持和决心，充满了勇气、信念、团结和爱。这个行为意义重大，因为诉说经历的方式，能决定一个人能否正确面对困境以及能否过好一生。

当电视节目制作人查理·艾贝索尔（Charlie Ebersol）在

一次飞机事故中生还，而他的弟弟不幸遇难时，他的母亲告诉他的第一件事就是："你可以伤心，但不能沉浸在伤心中。你必须树立目标，把这次事故变成好事。"艾贝索尔说，换个角度看事情改变了他的人生。他振作起来，卖掉了自己的公司，放弃了所拥有的一切，开始关注他真正喜欢的事情。于是，他制作出了发人深省的电视节目和纪录片。

在生活中，我们总会有跌倒的时候，那些将自己视为受害者的人会一直爬不起来，但那些将自己视为英雄的人很快就能重新振作，并且用乐观主义、勇气和信念武装自己，他们会继续向前，采取行动创造光明和美好的未来。

艾贝索尔的故事告诉我们，我们的人生由自己决定。《一千年中的一百万英里》（*A Million Miles in a Thousand Years*）是我最喜欢的一本书，作者唐纳德·米勒（Donald Miller）在书中讲述了他朋友的故事。他朋友的女儿正处在青春期叛逆阶段，不仅吸毒，还结交了一些不三不四的朋友。这位爸爸决定，他要停止朝他的女儿大喊大叫，帮她重新描绘她的人生。为此，他召开了家庭会议，在会上宣布了一个决定：通过筹款在墨西哥建立一所孤儿院。

第 4 章 搭建团队"心态"成长阶梯

起初,虽然他的家人都认为这是一个疯狂的想法,但他们明白他的一片苦心,便纷纷支持他的决定。他的女儿非常激动,迫不及待地想前往墨西哥,看看那儿的孩子。一个月后,当米勒再次见到他的朋友时,得知一切都在往好的方向转变。他的女儿逐渐明白了什么才是正确的生活方式,谁才是真正的朋友。这位父亲说道:"她知道自己是谁,只是一时忘记了而已。"

那些研究电影制作的人知道,在每一部伟大的电影中,主角都有想要实现的梦想,为此,他们必须战胜困境,不惧冲突。这种经历不仅存在于电影中,它其实也发生在我们每一个人的身上。不论你是想做生意、创建一支优秀的团队、培养杰出的孩子、为非洲提供安全的饮用水、帮助无家可归的人、治好癌症,还是想创造一个更和平的世界,困境和冲突都会成为你人生经历的组成部分。但是,当困境袭来时,你可以选择告诉自己和世界一个积极的故事,饱含激情地创造一个积极的结果。

若你想讲述积极的故事,可以通过将生活中的事件视为机会而非挑战来开始。英国曾做过一项调查对象是 500 名成功人士的研究。从表面上看,他们坐拥财富和人脉,职业成就感和幸福感都不缺。当研究者们对这些人进行研究时,却惊讶地发现他们每个人都在生活中经历过不幸。在外人看来，他们拥有完美的生活，实际上，他们每个人都曾面临挑战和困境。除了都曾面临过挑战外，他们还拥有同样的特质，即能将不幸转化为幸运。即使深陷泥潭，他们也从不放弃寻找自救的机会。作为一名领导者，你必须知道，什么事情都可能会发生，挑战可能随时会阻碍你前行。然而，你不应该为此一蹶不振，或是降低自己的目标，而是应该昂首挺胸、寻找机会，这样的话，幸运自会降临到你身上。

盖洛普（The Gallup Organization）曾做过一项调查，他们要求人们说出他们认为的生活中最美好和最糟糕的事。结果发现，这两种事件之间有80%的相关性。某种程度上，如果我们能保持积极心态，坚持到底，生活中最糟的事情可能也会变得美好。

面临改变时，像新手一样思考

作为一名领导者，观察问题的视角十分重要。你如何看待这个世界，决定了你看到的事物以及你的回应方式。我在《鲨

第 4 章 搭建团队"心态"成长阶梯

鱼与金鱼》中分享了变化的浪潮是如何到来的。当浪潮来临时，我们有两个选择，要么抗拒改变，要么乘着浪潮到达更成功的未来。据研究显示，那些在经济大衰退中仍然欣欣向荣的人和公司都能迎来改变。

与其像金鱼那样等待他人投食，不如进入更广阔的海洋觅食。可以说，成为成功者的关键就是积极地看待改变。那些将改变看成坏事并抗拒它的人，最后会被浪潮击碎；那些认为改变是件好事并将它视为机会的人，最后会乘风破浪，抵达更美好的未来。

不久前，我为一家公司的领导们做了一场主题为"在改变中发展"的演讲。这家公司的员工普遍对改变有抵触和恐惧的情绪。在我演讲过后，该公司的领导们开始明白，不管喜欢与否，改变是无法避免的。如果他们像鲨鱼那样，准备好迎接改变的浪潮，体验拥有各种可能性的海洋（比如发展新的商业模式），就会因此而变得更好。

这些年来，我曾给很多组织的领导者进行过演讲，他们或多或少都会受到经验的"诅咒"，这正是他们怀念过去、抱怨当下、不愿改变的原因。他们过去的经历影响了现在和未来。

在经济大萧条期间，我经常被邀请去为许多房地产公司加油打气、鼓舞士气。在我进行演讲之前，这些公司通常会举行颁奖活动，将奖项颁给最佳生产者。我注意到，这些奖项的获得者往往是新手，而不是老员工，这个现象对我冲击很大。

有很多拥有杰出经验的老员工被经济衰退打击得厉害，成了瑟缩在鱼缸里的金鱼。他们在恐惧面前畏首畏尾，任凭境况决定自己的人生。他们都在抱怨经济，而不是在创造经济，丰富的经验无法让他们像新手一样思考。而新手们很少进行消极的设想或被过去的经历影响，他们不关注人人都说不可能的事情，反而会从不可能中找到可能。新手们会低下头，努力工作，保持积极，以一种足够单纯的状态获得成功。新手们没有经验，他们不知道事情原本的样子，不了解过去的辉煌。他们不会心存恐惧，只会一门心思地创造属于他们的美好时代。

不管你有多少经验，我都希望你可以将经验变成能量，而不是诅咒，让经验为你提供专业知识、乐观和热情。同时你还要用经验为新手提供指导，因为他们即使拼尽全力，也仍会犯错。此外，你也需要向新手学习，让他们告诉你如何用新视角看待这个世界。现在，请像新手一样思考，挣脱过去的束缚，创造你自己的黄金时代。

第4章 搭建团队"心态"成长阶梯

如何战胜墨菲定律

我确信你一定听过墨菲定律（Murphy's Law）：越是在最坏的时刻，事情越会出错。不幸的是，墨菲定律经常被应验。一系列坏事的发生，会导致人们认为接下来只会发生更多的坏事，并因此陷入消沉。

橄榄球教练格斯·布拉德利（Gus Bradley）是我见过的最积极的领导者之一，他告诉我了一个帮助团队处理消极事件（例如，一次关键点截球、处罚、受伤、恶劣天气等）和受害者思维的有效方法。格斯和他的团队在谈起墨菲时，认为他是个不折不扣的大浑蛋，他的理论阻碍着团队进步。墨菲定律经常在一个人状态最差的时候被应验，但人们不应该在它出现时感到恐惧，而应该进行反击。

实际上，它并非人们所想的那样不可战胜。虽然人生充满了富于挑战的境况，但你仍可以突出重围；虽然人生艰辛，但你也是强壮的；虽然困苦挣扎是真实的，但你克服困难的勇气也是真实的。就像我的朋友欧文·麦克马纳斯（Erwin McManus）所说的："伟大从不会源于舒适，当世事变得艰难时，我们也会变得更强壮。"

所以，当困境出现时，请选择面对。这样，即使墨菲定律再强大，也会败在你面前。

想要拥有正确的领导力，以及推动团队战胜挑战和迎接变革的力量，就要明白外部世界并不能由外向内地塑造我们，也不能决定我们能否成功；相反，我们可以由内向外地塑造外部世界，掌握成功的机会。这意味着你所处的境况并不能定义你，而是由你定义境况。

领导力并不在境况之中，它在你的思维里，在你用来领导和创造的爱、热情、灵魂、目标和视角的思维之中。以一个最普通的生活场景为例，周一早上，拥堵的交通让你心烦意乱，你烦躁地按着喇叭。周二早上，路况依然糟糕，但电台正播放着你最喜欢的一首歌，这让你心情愉悦，甚至觉得就算塞多久都无所谓了。到底是境况（交通）还是心态决定了你的感受呢？答案显而易见。一个人的感受无关乎他（她）所面临的挑战、变化、困境和挫折，而是关乎他（她）的心态和思想。当你明白世界上没有任何一种力量能击败你时，你也就拥有了领导任何一个人的力量。

第4章 搭建团队"心态"成长阶梯

当你意识到自己有能力扭转现实时,也会意识到自己的领导力更强了。我们经常认为现实是客观的,但当你知道历史上的积极领导者们是如何改变这个世界时,就能很清楚地知道,领导者可以定义现实,将它以一种积极的方式解读出来。

在 iPhone、iPad、iCloud,以及苹果手表被创造出来之前,它们就早已存在于史蒂夫·乔布斯的愿景中了。即使人们在当时认为他的想法过于疯狂,也并未阻碍他重新定义现实。沃尔特·艾萨克森(Walter Isaacson)在《史蒂夫·乔布斯传》(*Steve Jobs*)一书中,描述了乔布斯是如何说服苹果员工在极短的时间内完成不可能完成的任务的。

他们一次次地告诉乔布斯他太不现实,在如此短的时间内设计出软件和硬件简直是天方夜谭。然而最后,乔布斯的团队不得不服气,他们认为是乔布斯让他们从悲观主义(有人认为是现实主义)走向了乐观主义,重新解读了现实,并且一次次地让他们实现了遥不可及的目标。他的信念富有感染力,这促使苹果成了世界上最伟大的公司之一。

如果你也和自己的团队分享乐观主义和信念,重新解读现实,那么你的团队将会达成怎样的目标?

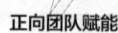
正向团队赋能

传递正向信念，带动团队内部赋能

你可能仍会认为现实是由境况决定的，但它却实实在在是由想法和信念决定的。正如我们讨论过的，你看待世界的方式决定了你的经历。领导力就是一种信念的传递，你和团队、组织分享的信念，都会对你创造、建立和达成目标产生重大的影响。

皮特·卡罗尔（Pete Carroll）是西雅图海鹰队的主教练，他因自己创立的积极领导力模式而出名。卡罗尔说："这个世界将人们训练得悲观。现在，我必须做的最重要的事情之一就是，确保我的球员和职员相信明天会比今天更好。"皮特必须将他的信念和乐观主义传递给团队，必须提醒球员那股存在于他们体内的力量可以创造外部世界。

经济大萧条时期，我在硅谷看到了和皮特拥有一样态度和领导力模式的人们。当其他美国人都在经历经济下滑时，在硅谷工作的人拒绝让自己陷入衰退。于是，他们让自己忙于创造，以至于没有时间悲观，他们被乐观的氛围所环绕。

在倒闭潮和失业潮中，马克·扎克伯格（Mark Zuckerberg）吸引了数百万用户使用他的Facebook（脸书）；杰克·多西

第4章 搭建团队"心态"成长阶梯

(Jack Dorsey)忙于建立和发展Twitter(推特);埃隆·马斯克(Elon Musk)正推出世界上第一辆电动跑车,并且计划向太空进军;拉里·佩奇(Larry Page)和谢尔盖·布林(Sergey Brin)在努力将Google(谷歌)从搜索引擎转变成为我们生活中不可或缺的一部分。数以百计的其他创新者和创业者正在改变我们沟通、交流、学习、阅读、搜索、生活和工作的方式。

硅谷有着乐观主义的氛围,这种氛围里充满了一种一切皆有可能的乐观主义信念。如果你有伟大的想法,那么就有人给你提供资金;如果你乐于创新且工作勤奋,美国梦就会向你招手;如果你相信这种信念,并且能以实际行动将这种信念变成现实,那你就可以改变这个世界。

硅谷的创新者就是炼金术士,他们能将想法变成金子。别人认为不可能的目标,他们却能从中看到无限可能。别人将他们视为疯子,他们却着眼于未来。当一个新的想法和产品失败了,他们会紧接着想出更新颖的想法。作为创新和成长的一部分,失败是可以被接受的。

硅谷精神体现着创造力、驱动力和勇气,这使得积极领导者不论处于何种境地,都能继续进行发明创新,进而改变世界。但是，你并不需要在硅谷工作才能拥有硅谷精神。亚马逊和星巴克将这种信念精神传递到了西雅图。通用汽车、福特和其他大型汽车公司在创造力的推动下努力向前，不断突破现有技术。

越来越多的新兴公司和大学都在致力于培养创新型人才。不论周围环境如何，乐观主义都会让领导者坚持将他们的信念传递给团队、组织，甚至是一座城市或一个国家。世上总有新的想法和更好的做事方式等待着被人采用，而等待的这个人很有可能就是你。

从根本上说，积极领导者就是在这个充满犬儒主义、消极心态的世界上，用信念领导追随者的人。我们经常要面对信念和恐惧之间的斗争。作为一名领导者，你必须意识到你的追随者也面对着这种思想斗争。他们害怕、怀疑、摇摆不定，需要被你的信念激励，需要被乐观主义、积极心态和信念领导。这就是为什么需要用信念而非恐惧进行领导。在本书的开头，我分享了积极领导者是如何改变世界的，未来为何是属于拥有信念、恢复力和用积极性和乐观主义应对所有挑战、创造未来的人的。

在艾伦·穆拉利成了福特 CEO 的几年后，美国经济陷入

第4章 搭建团队"心态"成长阶梯

了一片混乱,大衰退随之而来,人们面临着自大萧条时期以来最坏的经济环境。当时,所有人都认为穆拉利及其团队所做的工作都是徒劳无功的,如重建公司、建立联合领导力团队、设计格调最优雅的汽车以及争取盈利。当经济衰退到了最低谷,一切看上去都非常绝望的时候,政府提供了资金给福特的竞争对手,帮助其摆脱困境。穆拉利告诉他的团队:"你必须要意料到意外,并在它出现时处理它。我们的计划并不是抱怨或者沉迷于自己的工作,我们有计划,并且当计划需要调整的时候,我们就要调整。"

尽管穆拉利的团队成员感到了恐惧,但他一直对自己的计划、团队和福特的未来保持着坚定的信念。在令人惴惴不安的境况里,穆拉利仍然保持乐观,持续地向团队分享自己的信念。经济复苏后,他的乐观主义、信念和计划为福特带来了呈指数倍的利润增长。如果没有他的领导,这一切就不可能发生。

当达博·斯温尼被问到是否觉得自己在克莱姆森队取得的成功超出了自己的预料时,他回答道:"我不是成绩过人者,而是一个过度相信者。"达博在成为克莱姆森队的主教练后,他在团队会议室的门口贴了一张"相信"的标语,因为他知道,克莱姆森队并不被人看好。球队总会在快要赢得比赛时输掉比赛,这种现象经常发生,以至于被人们戏称为"克莱姆森现象"。

此前,达博从来没有做过主教练。他从小就缺失家庭的温暖,经历过无家可归的日子。他曾在亚拉巴马队担任过可有可无的角色,还曾在离开教练岗位后进入过房地产行业谋生。达博的经历并非一帆风顺,但他却一直相信一切皆有可能。他明白自己的首要任务就是激励团队相信他的信念,他做到了。他对球员的信任超过了球员对自己的信任,以至于队员们也越来越相信自己。我注意到,不论情况如何,不管面临怎样的挑战和挫折,他都不会对团队产生哪怕一丝的怀疑,也不会停止和团队分享自己的信念。

2017年1月9日,全国锦标赛半场休息期间,我来到了克莱姆森队的更衣室。当时,克莱姆森队以7:14的比分暂时落后。达博告诉他的团队:"我的直觉告诉我,我们一定会赢得这场比赛。"

虽然落后的比分消磨了队员们的士气,但达博重新用信念将他们武装了起来,这是他自2008年以来一直在做的事情。在这些年里,每当遇到挫折和失败时,达博都会说:"上帝不会

第4章 搭建团队"心态"成长阶梯

犯错，他为我们制订了一个更宏大的计划，让我们相信他。"达博说，他一直被《圣经》中的一段话激励着："不要停止努力，只要不放弃，我们总会有所收获。"他用信念进行着领导，让团队不再畏惧，勇敢前行，最终收获了成功。

伟大的团队都是积极向上的。他们拥有共同的信念、有感染力的乐观主义精神，而这一切都始于领导者。作为一名领导者，当你相信团队时，就可以激励团队去相信自己；当你明确了自己的信念时，就可以用它将团队建设得更强大。你会在一生中面临诸多困境、阻碍和消极事件，但请不要忘记，你的笃定、乐观心态和信念一定会比消极心态、恐惧和怀疑的力量更强大。

你需要和你的团队分享乐观主义和信念，向他们展示前方的路，让他们顺着你所指的北极星望去。向他们指明你要去的地方，告诉他们要去那儿的理由。

谈谈你遇到过的挑战，同时也说说你为何能克服它们。将你的信念传递给团队，用积极的心态"喂养"他们。在他们怀疑自己时充分信任他们，在他们堕落时伸出你的双手，鼓励团队付诸更多行动，付出更多，超越他们自己。告诉他们，恐惧和信念有一个共同之处，即相信未来。只不过，恐惧是相信未来是消极的，而信念是相信未来是积极的。未来还没到来，我们为何不选择相信它是积极的？为什么我们不选择相信最好的日子就在前方？告诉你的团队，如果一个人相信最好的日子已经过去，那他的生活就真的只能止步于此了。但如果一个人相信最棒的日子还在后头，那么他一定能如愿以偿。

克莱姆森队赢得了全国锦标赛后，达博在更衣室告诉他的团队："你们现在是全国冠军，可我希望你们成为生活中的冠军。做个好丈夫和好父亲，夺冠远不是你们生活中最好的事情，生活为你们准备了更多挑战，你们应始终相信更好的未来仍在前方。"

我曾经是一个悲观的人，也曾在低谷中挣扎，幸好我从未放弃自己的愿景和信念，才得以成就今天的我。

也许，你现在已经很乐观很积极。也许，你曾经也是个悲观主义者。或者正如一些人所说，"我只是很现实"。然而，但愿你能明白，领导力并非只关乎你能做什么，还关乎你能激励他人做什么。

不论境况如何，挑战有多严峻，总有一个未来等着你去创造。

第 4 章 搭建团队"心态"成长阶梯

在领导力、乐观主义和信念的影响下,你的团队和组织将会成为未来的缔造者,这还需要你拥有和他人建立关系的能力,我将会在接下来的章节里对此进行详细的探讨。

THE POWER OF
POSITIVE LEADERSHIP

CHAPTER 5 第 5 章

消除团队中的消极心态

拥有积极的心态并不能保证你一定会成功,但拥有消极的心态一定会让你失败。

对抗消极心态的第一原则

积极领导力不仅仅与"喂养"积极心态有关,还与消除消极心态有关。作为一名领导者,你必须意识到消极心态的存在。通常,领导者最容易犯的错误之一就是,忽视了存在于团队和组织中的消极心态。他们允许其疯狂生长,导致其最终破坏团队和组织。作为领导者,你必须直面消极,正视、转化或消除它。

2007年,在《活力巴士》出版后不久,我接到了一通电话,来电人是时任杰克逊维尔美洲虎队(Jacksonville Jaguars)主教练的杰克·里奥(Jack Rio)。他因读了《活力巴士》而问我能否同他见一面。当时,我从未和运动队合作过,更别说是一支职业运动队了。此外,我也从来没有和他这个级别的

第5章 消除团队中的消极心态

领导者接触过。我和里奥会面后,他告诉我他正被能量吸血鬼吞噬,是《活力巴士》帮助他意识到,他需要处理自己的消极心态了。这本书也让他领悟到,即使事态消极,也要保持积极的心态。

里奥邀请我为他的团队做一次演讲,出于某种原因,我大胆地答应了。在开车回家的路上,我确信了每个人,即使是传奇橄榄球球员、杰出的教练或世界级领导者,都面临着需要克服的消极心态。对于能够写出一些能帮助他们的东西,我感到十分荣幸。回望过去,我相信《活力巴士》之所以能被众多领导者和团队认可,是因为它强调了每个团队、组织和领导者都会面临消极心态,这是在我写这本书之前就学到的人生一课。

我记得自己曾对父亲说,我将要成为一名作家和演讲家,可他的回应却是:"你做那些鬼东西是为了什么?你的想法一无是处,你只需要集中精力管好餐厅就够了。"他还用了其他一些我不方便写在这儿的词回应我。那时,我还拥有几家连锁餐厅,父亲希望我能用心经营它们。餐厅是实实在在的;相反,写作和演讲看上去虚幻而缥缈。

在父亲赠予我这些"鼓励性"建议的几年后,我出现在了《今日秀》的电视节目中。那是我第一次登上国家级电视台,这让我有些紧张。在节目上,我指导了几个人,内容是如何在他们的生活和工作中拥有更多能量和乐观精神。当我走出录影棚时,接到了父亲的电话,他说:"你母亲和我刚刚在电视上看到了你,我们都为你感到骄傲,知道你一定能成功。"

父亲已经不记得他曾经对我说过的消极言语了,那时我意识到,我们每个人不仅会在人生旅途中产生消极心态,也会遇到频频对我们摇头的人。不是每个人都认同你的愿景,不是每个人都相信你的梦想,也不是每个人都会搭乘你的"巴士"。若想要成功,你的积极能量必须比消极能量强大。

甘地(Gandhi)曾说过:"我不会让任何人用他肮脏的双脚穿越我的思想。"你可能有一个消极的团队,可能你的顾客、病人、邻居或父母都很消极,然而若想移除消极,第一原则就是保持积极,不能让消极击倒你,也不要对它心生恐惧。消极就像是一条乱叫的狗,看上去很凶猛,但当你用双眼直视它时,它就会灰溜溜地逃走。消极心态同你的勇气与积极心态无法匹敌,之所以这样说,是因为我曾和许多积极领导

第 5 章 消除团队中的消极心态

者一起工作过，我见证过他们在正视、转化和消除消极心态后，最终取得了令人惊叹的成绩。

赶走破坏团队的"能量吸血鬼"！

2011 年，时任佐治亚大学橄榄球队（以下简称佐治亚队）主教练的马克·里希特（Mark Richt）让他的团队成员阅读《活力巴士》，并邀请我去演讲。

当时，佐治亚队在前几个赛季的表现一直不尽如人意，媒体甚至推测里希特位置不保，如果本赛季战况不佳，他可能会失业。我在本赛季开始前进行了演讲，不幸的是，佐治亚队输掉了赛季的前两场比赛。我给里希特发了一条短信："很抱歉，我没有给你更多的帮助，我对你的球队有信心，我相信你们一定会翻盘的。"里希特回复道："乔恩，队员们还都在'巴士'上。过去我一直没能阻止能量吸血鬼破坏我的团队，但今年情况变了，我不会再允许这样的事情发生了。"

在团队会议室里，里希特请一名艺术家画了一幅能量吸血鬼的画像挂在墙上，面对着球员们所坐的位置。如果哪位球员或教练的行为像能量吸血鬼，他的照片就会被贴在墙上。没有人愿意上墙。这就是里希特传递给团队的信息，他们要克服困境和挑战，保持积极心态。这招奏效了，佐治亚队赢了接下来的十场比赛，闯进了美国东南联盟橄榄球赛季锦标赛（SEC Championship）。

在数年后的一场演讲中，我同田纳西大学橄榄球队（以下简称田纳西队）分享了佐治亚队的故事。演讲结束后，该队的教练布奇·琼斯（Butch Jones）单独留下了十个人。布奇对我说："这些人是我们的能量吸血鬼。"我问道："你要'处理'他们？"他说："是的，还等什么？"

之后，我问他情况如何，他回答道："大部分人都承认自己是能量吸血鬼，并承诺今后将致力于给团队带来积极的影响，拿出新姿态。但是有几个刺儿头没有一点觉悟，他们不会改变，所以我不得不将他们请下'巴士'。"

田纳西队在那个赛季克服了重重困难，赢得了数年来的第一座奖杯。他们是最好的例子，向我们展示了积极的力量。我永远不会忘记布奇的话："还等什么？"要想建立具有竞争力的团队，就必须创造积极的文化，让消极心态无法生根发芽。越

第 5 章 消除团队中的消极心态

快地正视、转化、革除和消灭团队里的消极心态，你的文化和团队就会离成功越近。

避免"一个人破坏一支队伍"

处理团队中的能量吸血鬼时，第一步应是转变他们而不是消除他们。没有人真的想成为能量吸血鬼，他们可能有自己的苦衷。首先，我们应该怀着同理心去倾听，并且试着理解和转变对方的消极心态。例如第七世代公司的领导者马丁，他在自己的办公室门上贴了一张条幅，上面写着"欢迎能量吸血鬼"。他期待有人能主动找他谈心，而事实也如他所愿，那些令人敞开心扉的对话，将大量负能量转变为了正能量。

里希特同样也让球员们来到他的办公室，不放弃任何一个能量吸血鬼。里希特带领的球员中，有一些在 NFL 里蓬勃发展，还有一些成为成功的商人。听到这段经历对他们产生了决定性作用时，我感到十分满足和受益。马克并没有将他们踢下"巴士"，而是正视了他们的消极心态，邀请他们登上"巴士"，寻找转变的机会。

在团队中,从文化层面上处理能量吸血鬼是最好的方式。在这个层面上,你可以设立一个标准,即消耗他人能量的人是不被容忍的。你可以谈论消极心态的消极影响,可以解释为何一个人不能组成一支队伍却可以破坏一支队伍,也可以谈论伟大的文化应该是什么样子,以及希望每个人都能成为文化的积极贡献者。

通过将能量吸血鬼的图像挂在墙上,里希特告诉他的团队:"我们不会允许消极心态破坏我们的团队和目标。"在肖恩·艾肖尔斯特(Shawn Eichhorst)成为内布拉斯加大学体育部主任后,也做了同样的事情,他将一张写着"能量吸血鬼勿入"的告示贴在了办公室门上。他不是在存心回避消极,而是想让他的队员知道自己在创建一个积极的文化,所以他不允许消极心态破坏他的团队。

肖恩早年曾面临过一系列消极状况,但在建立了自己的积极文化后,他的心态也开始慢慢转变。我同样也听说过很多学长和商界领导者在文化层面上应对消极心态的做法,他们会在员工大会、读书会或其他团体活动中反复申明一个道理:你的消极心态会耗费其他人的能量、破坏团队,是不可接受的。这让团队中的大多数人都发生了奇迹般的变化。当你培育事物积极的一面，创造一间让能量吸血鬼不自在的阳光房时，他们若不做出改变，就必须离开"巴士"。不论他们的选择是什么，你的文化都会因此得到提升，并且帮助你的团队朝正确的方向前进。

让你的"能量巴士"开得更快

如果能量吸血鬼不愿改变也不肯离开呢？不是每个人都愿意改变，不论你花费多少努力帮助他们转变和成长，总有一些人对你的努力无动于衷。

我听闻有一位校长邀请她所有的员工登上"活力巴士"，她分享了自己的愿景，在几乎所有人都愿意跟随校长朝愿景前进的情况下，仍有两位管理者持反对意见。在做了一切努力仍无法得到这两人的回应后，她不得不将他们请下"巴士"。她告诉我，两个消极的管理者会"污染"他们的文化和使命。自从他们离开后，员工比以往更积极，越来越有活力，他们的斗志、能量以及文化质量都有了显著的提高。

如果转变消极心态不起作用，那就消除它。领导者的职责就是创造一个大环境，让员工能够以最好的状态工作，不受能量吸血鬼的影响。

我经常被问到，应该在什么时候让能量吸血鬼离开？但我无法给出确定的答案，因为情况各不相同。我经营餐厅时，在自己的团队里保留了几个能量吸血鬼。有一位门店经理做事不得力，销售额一直下降。最终，我和那位经理见了一次面，让他知道了我的打算，为了让他安心，我已经在当地另一家连锁店帮他谋到了经理一职，希望他感到自己已经被照顾了。但是，我永远不会忘记他对我说的话："你知道吗？我想我会利用这次机会离开餐饮行业，因为我讨厌这份该死的工作。我按照你的要求对顾客微笑，但我讨厌他们每个人。"

如果有机会重新做出选择，我会更早让他离开。然而，尽管有时候我留下了可能不应该留下的人，但也有人最终在我的帮助下实现了令人欣慰的转变。这也就是我无法为开头的问题给出确切答案的原因。这也是你在领导团队和组织，以及处理能量吸血鬼时，需要持续评估和思考的问题。

需要注意的是，即使你让一些人离开了"巴士"，也并不意味着必须让他们从你的生活中消失。我一直告诉大学教练们，即使不得不让一些球员离开团队,也仍然可以在他们身上投入时间和精力,帮助他们转变和成长。

我经常会遇到这样一种情况,一些人告诉我,他们刚刚成为领导者,没有权力雇人或解雇人,所以他们想知道应该如何对待和他们共事的能量吸血鬼。

我告诉他们,要有一股积极的能量,用爱、耐心、善良和关心向员工展示真正的积极,让自己成为榜样,并将遇到的每个能量吸血鬼视作一次增强自己积极性的机会。我们需要明白,在成为更优秀的领导者之前,要成为一个更优秀的自己。学着在被消极心态围绕时仍然保持积极,这是一种锻炼。当你的积极心态拥有足以对付能量吸血鬼的力量时,不论是作为个人还是领导者,你都得到了成长。可能你不是驾驶大巴和决定谁在车上的那个人,但你可以使自己的巴士变得很好。

"不抱怨策略",帮助团队逆袭

这条策略并不是我想出来的,而是在我和德怀特·库珀(Dwight Cooper)共进午餐时了解到的。库珀又高又瘦,为人温和，曾经当过篮球运动员和教练。十五年来，库珀同合伙人一起建立和发展了一家处于世界领先地位的护理培训公司。库珀的公司被《财经》杂志数次提名为增长最快的公司之一。现在，它已经成为美国最值得去工作的公司之一。库珀向我分享了一些经营秘诀，其中就包括不抱怨策略。他提及自己读过《活力巴士》，并且意识到，能量吸血鬼可以破坏你的生意和团队，他们的能量会通过抱怨的形式散发出来。

库珀将能量吸血鬼比作皮肤癌，他们不会隐藏，就直愣愣地站在你面前，仿佛在说："我就在这儿。"所以，你可以很容易找到他们并且很迅速地消除他们。

但比这更危险的，是隐藏在身体里的癌细胞。它隐藏在表面之下，有时恶化得慢，有时恶化得快，如果它没有被及时控制，最终将会在你的身体里扩散。抱怨就是隐藏在身体里的"癌细胞"，库珀领略过它的破坏力，他决心让自己和团队远离它，所以不抱怨策略诞生了。

这一策略很简单，即除非你能提出一两条解决方案，否则就不能抱怨。库珀说："我们将这条策略介绍给了公司里的每一个人，现在又将它分享给前来参加面试的人。这样，他们就明

第5章 消除团队中的消极心态

白了,如果你是个爱抱怨的人,那这里不适合你,如果你善于解决问题,那么我们将聘用你,并一定会倾听你的想法。"

库珀的想法很棒。不抱怨策略是一个扫除能量吸血鬼,将消极能量转化为积极能量的好方法。不抱怨策略的目标不是消除所有抱怨,它旨在消除无脑且习惯性的抱怨,因为这种抱怨会滋长消极心态,对任何人都没有帮助。不抱怨策略的终极目标就是将无意义的抱怨转化为积极的解决措施,毕竟,每个抱怨都代表着一个将消极事态转为积极事态的机会。

我们可以利用顾客的抱怨来提升服务,将雇员的抱怨作为创新和改变的催化剂。我们也可以将自己的抱怨视作一种信号,它让我们知道自己不想要什么,从而更加关注自己真正想得到什么。最重要的是,我们可以在工作中运用不抱怨策略培养积极的文化。

不抱怨策略让库珀的公司拥有了显著的竞争优势。这个策略能帮助你控制消极能量的扩散,为你的团队注入力量,使其提升、创新和成长。我所知道的就有数百家公司、学校和团队在不抱怨策略的帮助下,改变了他们的文化,提升了团队动力,如果没有积极领导力,这一切都不会发生。

作为领导者,你需要发挥引领作用。当你在抱怨时,不仅没有发挥出领导力，也没有给团队指明前方的路。抱怨只会让你和你的团队畏惧失败、止步不前。在消极文化中，领导者会陷入问题无解，而在积极文化中，领导者会关注如何解决问题，为团队指明前进的方向。当一个团队专注于思考解决方案而非抱怨时，自然会迎来属于自己的新时代。

迈克尔·菲尔普斯（Michael Phelps）最近接受了鲍勃·科斯塔斯（Bob Costas）的采访，他向鲍勃讲述了自己在2016年里约奥运会前建立一支积极团队的方法："有时，你会听到一大堆消极的评价或者抱怨。某次会议上，我对伙伴们说，我们正在为奥运会做准备，如果看到任何消极评价，请不要说出来。作为一个团队，我们越积极，就会取得越好的成绩。那次会议后，我们变得更加团结，真正开始全力以赴地备战奥运会。"

菲尔普斯的话阐明了积极领导力的本质，并且向世界证明了一个事实：即使成员天赋异禀，也只有团结一致时才能成就伟业。积极的心态就像黏合剂，它使成员的关系更为紧密。很多人认为，积极的心态和赢得胜利二者不能兼得，但事实是，你不需要做出选择，积极心态就会将你引向成功。

我曾看到过资质一般却异常积极的团队取得了非凡的成就，

第5章 消除团队中的消极心态

也看到过人才济济却消极的团队流于平庸。积极团队团结协作、更加高效，他们会在战胜挑战的过程中保持积极、团结和投入。他们信念一致，致力于让团队成员最大限度地施展才能，因而能取得不俗的成绩。不过，创建积极的团队不是一蹴而就的，这需要领导者和团队成员不间断地铲除消极心态、培养积极心态。好消息是，你不需要成为奥运冠军才能开始这个过程，任何一个人都可以说："消极心态，够了！让我们变得更加积极，现在就开始吧！"

如果我不和大家分享消除消极心态的观念，那就是我的失职。因为，一些领导者在读了《活力巴士》后，就对他们的雇员说："你要么在我的巴士上，要么就离开。"他们给任何不同意他们想法的人都贴上了能量吸血鬼的标签，一味地让人下车，而不懂得如何邀请人登上巴士。

有一位读者发来了一封电子邮件，他写道："乔恩你好，我们的老板让我们所有员工阅读《活力巴士》，但他自己就是能量吸血鬼。我试着保持积极，却无法改变什么。"

读到这种信让我非常伤心，因为让领导者对消极心态保持这种消极态度并不是我的本意。你必须以积极的方式面对消极心态，更重要的是，你要学会塑造它。我将会在接下来的两章中提到，积极领导者同样需要发展关系，成为人们都想追随的榜样。你不可能用消极的态度建立起一支积极的团队，也不可能在这种低迷的状态下激励到他人。

当你培养积极心态并消除消极心态时，就能创造出一种环境，在这种环境中，作为领导者的你可以建立起一支具有凝聚力的队伍，拥有融洽的人际关系，从而出色地达成目标。

THE POWER OF
POSITIVE LEADERSHIP

CHAPTER 6 第 6 章

多样化沟通：打造高凝聚力团队

领导者的凝聚力创造了伟大的团队和组织。

警惕团队中的"谷仓效应"

积极领导者能将凝聚力注入团队,他们能够把每个人都请上巴士,然后朝正确的方向行驶。他们能够创造一致性,这也是伟大的团队和普通团队的区别。团队和组织团结得越紧密,就越能取得非凡的成绩。愿景和北极星在为人们指明方向时很重要,但是,对于创造伟大的团队和组织来说,领导者将人们团结在一起的能力才是最重要的。

当艾伦·穆拉利接任福特 CEO 一职时,他发现根据地理位置的不同,公司被划分成了许多部分,而这些部分相互独立,根本不像来自同一家公司。因此,穆拉利制订了"一个福特"计划,意在团结公司里的每个人,让他们组成一个团队,

第6章 多样化沟通：打造高凝聚力团队

集中精力为共同的计划而努力，最终实现共同的目标。他还设计了一整套计划和管理系统，这套系统专门用于团队协作。每周四早上7点，他都会召开例会，将公司的领导们聚集在一起，回顾商业计划，穆拉利称之为商业计划回顾会议。他着力建设信任机制，致力于推崇责权透明，简化商业模式，让使命和目标清晰明了，并通过积极领导力将架构松散的福特公司成功地转变成了一个团队，完成了在众多非议者和批评者看来不可能完成的任务。

近年来，我同团队和组织合作得越多，就越意识到紧密团结的关系是成就伟大组织的关键。正如艾伦·穆拉利通过将公司里的每个人紧密联系起来，创造了"一个福特"。领导者必须努力创造紧密的队伍，如果一个团队和组织的上层不够团结，基层就会四分五裂，所以，领导层队伍是否团结非常重要。

我曾经同许多领导层关系松散的组织合作过，基于团结程度，我甚至可以预测一支球队能否成功，判断一家公司能否经受挑战及其成长空间。最近，我在一场公司合并会议中进行了演讲，来自两家公司的领导者组成了一个管理小组，我们就团结问题进行了充分的讨论，并且进行了一些帮助建立联系的练习。会上，我可以感觉到"隔离墙"在逐渐倒下，每位与会者也都感觉到了自己会在前行的道路上更加坚定。他们不再是来自两家公司的领导者，而是一个团队。我知道他们正走在通往成功的道路上，因为他们之间的凝聚力让我看到了他们的潜力。

　　作为一名领导者，相信你不仅希望成为紧密团结的领导层的一员，同时也希望自己与团队里的每个人都是紧密相连的。若领导者和团队成员之间关系疏远，就会导致下属投入度低、效率低下、成果欠佳。即使你是团队里最成功的人，但如果你未能团结他人，那么作为一个领导者，你仍是失败的。若你肯花时间与团队建立联系，创建一种统一的氛围，团队表现力就会提升，这会成为强大团队的基石。

　　同时，加强团队中组织成员之间的联系也同样重要。作为积极领导者，你必须成为"黏合剂"和协调员，促进员工之间的联系。和大学球队进行合作时，我从专业教练那里听到的最多的抱怨之一就是"团队内部一盘散沙"。他们训练着一批年轻男女，这些孩子最关注的是个人的目标，专注于在社交媒体上经营自己的生活。他们被亲人和朋友告知，应该更频繁地表

第6章 多样化沟通：打造高凝聚力团队

现自我，获得更多的认可。他们从外界收到的信息全都是关于个人而非团队的，是关于"我"而不是"我们"的。

不幸的是，这种现象也经常会出现在你的办公室和团队里。商业世界普遍存在着谷仓效应[①]和办公室政治，这在学校同样也十分常见。老师会说他们只关心课堂，不会更多地关心课堂之外发生了什么。

这种"自我病"会传染给每一个人，自恋和对自我的过度关注会使个人目标和团队目标分离，从而破坏整个团队。那些将个人利益凌驾于团队利益之上的人，无法建立伟大的团队。只关注自己的封地而非整个王国的人，就是那些在城堡倒塌后责难他人的人。

我发现，当教练和球员关注如何形成紧密团队时，"我"就变成了"我们"，"谷仓"就会倒塌，人与人之间的联结会增强，关系会得到发展，团队会变得更加强大。作为一名领导者，你不能允许成员关系疏离，也不能让"自我病"感染团队。和学校合作的过程中，我发现很多教师只关注他们的课堂，不关

[①] 指企业内部因缺少沟通，部门间各自为政，只有垂直的指挥系统，没有水平的协同机制，就像一个个的谷仓，各自拥有独立的进出系统，但缺少了谷仓与谷仓之间的沟通和互动。这种情况下各部门之间未能建立共识而无法和谐运作。

注整个学校，原因便是领导者没有做好团结员工的工作，也没能创建统一、团结的校风。创造一种整体性和统一感十分重要，它需要被归为优先事项，若没有强烈意愿和实际行动，那么它便不会被实现。

几年前，我受邀参观了美国国家篮球协会（National Basketball Association，NBA）团队，和教练谈话的前一夜，我观看了他们的比赛。和教练们见面时，我告诉他们，我从比赛中看出球员之间存在隔阂。起初他们并不相信，认为我预先从别处得知了幕后情况，但我并不需要这么做。

当你和足够多的团队、组织合作过，在看到一些现象后，便可以辨别哪些团队的队员关系团结，哪些团队的队员关系疏远。在帮助团队成员建立连接，培养合作精神时，我会让他们做两个练习。

第一，让每个人和大家分享生命中的特殊时刻。当你知道了某个人生命中的特殊时刻，就会加深对对方的了解，从而与对方形成更强的联结。第二，让团队里的每个人分享他们的偶像、经历的苦难和荣耀。这能够让团队成员从各自的经历中寻找共通之处。

第6章 多样化沟通：打造高凝聚力团队

团结，让普通球队打败天才球队

团结如此重要，它能让成员全情投入，为共同目标努力。若团队支离破碎，实现目标也就无从谈起。在2013—2014年大学篮球赛季到来之前，我接到了比利·多诺万（Billy Donovan）的电话。那时，他是佛罗里达大学短吻鳄队的教练。比利同我分享了他的团队正面临的一些挑战，并且向我寻求建议。我和他分享了一些我的观点，建议他关注团结的概念。他说："就是这个，乔恩。我们经常闯进前八强，却无法闯进决赛的前四强，原因就是我们还不够团结。如果我们能更加团结，将更有机会赢得这些令人紧张且重大的比赛。"

在整个赛季中，比利一直和我保持着联系，他所做的团结队员和帮助他们促进关系的努力着实让我震惊。我看到在比利的不懈努力下，队员之间的"隔离墙"逐渐坍塌下来。佛罗里达队不再是一个单独个体的集合，而是成为一个团结的团队。

那个赛季，他们不再止步八强，而是成功地闯进了决赛的四强，并且三度打败了肯塔基大学篮球队。尽管他们的团队里没有一人被招进NBA，但佛罗里达大学短吻鳄队仍然能够打败那些拥有天才球员的队伍，因为他们更团结。可能在你的团队中并没有天赋异禀的人，但如果你的队伍凝心聚力，那么你的团队可能比那些拥有天才却不够团结的队伍表现得更出色。

当领导者和团队成员彼此紧密团结时，成员们的投入度、合作度和效率都将达到另一个高度。自从我开始和许多教练合作，帮助他们建立团结的队伍后，就见证了团结和统一的力量。迈阿密热火队（Miami Heat）主教练埃里克·斯波尔斯特拉（Erik Spoelstra）告诉我，他过去常常把大部分时间花在研究过往赛季的影像上。现在，他则把更多的时间用于建立团结、统一的团队上。在那之后，你可以看到他们开始在比赛中尽量顾及彼此，而不只是关注自己能否得分。这不是偶然发生的。

埃里克是一位杰出的领导者，他和队员们都致力于寻找一些能够持续地将团队团结起来的方法，比如，举办聚会观看超级杯，进行有意义的团队对话和集中培训。甚至是赢得了上千场比赛的斯坦福大学女子篮球队教练塔拉·范德维尔（Tara VanDerveer），也一直在寻找能帮助团队更加团结的方法。我曾

第6章 多样化沟通：打造高凝聚力团队

有幸同她进行过一对一的谈话，我们谈话的主题正是提高队伍团结性。

我很高兴看到像她这样的领导者愿意寻找方法让自己与队伍融为一体，同时帮助队员互相团结。

拉近成员关系的"安全座椅"

克莱姆森队之所以接连闯进了全国锦标赛，并获得了冠军头衔，并不仅仅是因为达博·斯温尼的愿景和信念。有一次，我去达博的办公室与他见面，他跟我分享了一则趣事。达博告诉我，他的朋友从一个偏僻的小渔村给他带来了一把椅子。在那个村庄，人们会围成一圈，坐在这样的椅子上，谈论人生、家庭和捕鱼近况等。

这让达博有了一个想法，他把这把椅子带到了团队会议室中，每次训练之后，达博会挑选一名队员坐在这把椅子上，其他人以他为中心围坐一圈。接着，达博会询问这个被选中的队员，关于人生、偶像、特殊时刻和曾遇到过的挑战等问题。达博结束提问后，其他人就可以开始自由提问了。

达博称这把椅子为"安全座椅",因为它是每个人向团队分享自己的故事和心情的安全位置,是队员们展示弱点的安全之处。大家知道不论他们坐在椅子上分享了什么,都不会被传出这个会议室。随着每个队员都轮流坐上了安全座椅,他们开始更全面地了解对方。那面横亘在队员之间的、代表着自我的、骄傲和自私的墙逐渐瓦解了。这为暴露真实、脆弱的自我,为建立有意义的关系、信任和有力的联结奠定了基础。这些都可以帮助我们创建一支团结和投入的团队,进而让愿景和信念成为现实。

成就来自合作,而非孤立

独裁式领导方式已经不再适用了。直接下达命令,只告诉下属应该做什么,却不说明原因,这种领导方式并不能使人们参与进来,也不能团结他人。今天,最伟大的领导者通过合作和支持的方式向我们展示了该如何进行领导。

艾伦·穆拉利并不仅仅是空谈"一个福特",他和公司里的领导者以及所有基层员工共同将计划变成了现实。在每周的

第6章 多样化沟通：打造高凝聚力团队

领导会议上，穆拉利从不主导讨论和谈话，而是对讨论和谈话进行着引导。当讨论到需要强调和执行的项目、挑战和首创方案时，他会予以支持，接着，他会引导会议室的其他领导者想出解决方案，和他们共同合作，解决问题。

像穆拉利一样的伟大领导者，并不会假装自己知道一切，他们会和他人合作，用对方的优势弥补自己的不足，在寻找和采用解决办法的过程中给予对方支持。这类领导者的成功与善于合作是密不可分的，这两者是相辅相成的。

作为一名领导者，要想做到合作和支持他人，通常是不容易的，认识到这点很重要。你可能已经明确了想要前往的方向，但你的团队却没有看到这个愿景，或者不认可它，这会让你感到失落。在这种情况下可能你自己先行动起来了，而你的团队却站在原地不动。你希望他们能赶上来，但如果你不亲自将自己的团队带上，就有可能导致你被团队孤立。这样，你就只是一个领队者，而不是一个领导者。

最近，我参观了宾夕法尼亚州立大学（Penn State），为所有运动员和教练进行了演讲。我从体育系主任桑迪·巴伯（Sandy Barbour）那里了解到，对她而言，"我们都是宾夕法

尼亚州立大学人"并不只是一个口号，还是她作为一名领导者赖以生活的信条。在桑迪看来，"我们"一词非常重要，这就是她带领团队战胜所有挑战，在不断变化的大学体育界拥有一席之地的原因。我在宾夕法尼亚州立大学里遇到的教练和领导者都对桑迪心服首肯，他们告诉我："桑迪不仅和我们对话，而且还和我们一同前行，并肩作战。"就像艾伦·穆拉利一样，桑迪也拥有宏大的计划，但她知道，只有通过合作而非独自前行，才能让整个队伍取得更杰出的成果。

别让压力"劫持"团队激情

统一和团结是如此重要，所以我必须对其进行强调。为什么仍有许多团队和组织人心涣散？为何有许多领导者不能创造统一和团结？我相信，除了自私以外，阻碍我们建立合作的最大敌人就是忙碌和压力。研究表明，当我们忙于一件事情或感到压力重重时，就会激活大脑中最原始的部分——爬虫脑[1]，这

---

[1] 属于由本能所驱动的脑，作用是维持人体的基本生存功能，控制生命的功能和身体生长过程、器官新陈代谢，维持生命生存的总体水平，还包括原始心理保护机制：爱、恨、恐惧、性欲和支配情感。该部位不具备思考或学习能力，属于无条件执行人的意志的执行脑。

第6章 多样化沟通：打造高凝聚力团队

一部分与恐惧和生存的欲望紧密相连。

如果你了解关于爬虫的事情，就会知道它们永远不会爱你。爬虫在爱的问题上是无能的，它们只是一门心思地想着如何生存。除非你是它们的食物，不然爬虫对于与你建立联结毫无兴趣。

当我们处于忙碌或感受到压力倍增时，爬虫脑就会被激活，于是我们的脑袋就只被一件事占据，那就是生存。我们不会思考如何团结团队、与他人建立联结，只会想着自己的生存问题。我们关注的是紧急的事，而非重要的事。我们把注意力都放在了待做清单以及如何生存上，而并没有思考如何才能让自己以及团队繁荣发展。

有一个科学名词专门用于解释这种现象：皮质抑制（cortical inhibition），即杏仁核（爬虫大脑）劫持了新皮质。新皮质是大脑中负责处理情绪、做决定、祷告、练习感恩和爱的部分，在这里，我将新皮质称为大脑的积极小狗部分，原因是小狗有着让人喜欢的特性。当你忙碌或紧张时，爬虫脑就会吃掉你的积极小狗，这时，你会不假思索地脱口而出许多在头脑清醒时绝对不会说出的话，做出一些失控的举动。这就是为什么我们总会在电视上看到，教练正发疯似的对裁判员大吼大叫，司机会因为前方车辆插队、变道而破口大骂。

好消息是，我们有 0.25 秒的时间可以用积极小狗抑制爬虫。在这 0.25 秒中，我们可以意识到敌人是忙碌和压力，也可以认识到一旦让爬虫脑占据上风，我们就会像布鲁斯·班纳（Bruce Banner）一样变成疯狂的绿巨人[①]。我们可以在感到紧张时深呼吸，在大脑中搜寻值得感恩的事情，以缓解情绪。

作为领导者，遇到这种关键时刻的时候，我们可以提醒自己，要记得自己的领导职责，不能被敌人征服，导致团队分化。我们可以放松下来，厘清优先事项，明确目标，花时间去培养自己同团队以及团队成员间的关系。当关系融洽时，一个伟大的团队就会出现。强大而团结的文化是由有力的关系和强大的团队创造而来的，并不是即刻就能产生的。

通过融洽的关系和出色的团队建立统一性需要极大的耐心和努力，它需要大量的爱、沟通、鼓励、投入、服务以及关心。所以，现在让我们来谈谈如何通过融洽的关系和伟大的团队来建立统一性吧。

[①] 漫威旗下的超级英雄。他是一位天才核物理学博士，在一次意外中受到自己制造的伽马炸弹的辐射，身体产生异变，后来，每当他情绪激动时就会变成绿色怪物。

THE POWER OF
POSITIVE LEADERSHIP

CHAPTER 7　　第 7 章

建立正向关系，让团队达到最佳状态

> 领导力主要表现在照顾团队中的人，不放弃他们，支持他们，帮助他们达到最佳状态。
>
> ——皮特·卡罗尔（Pete Carroll）
> 西雅图海鹰队主教练

如何让团队成员主动跟随你？

若想创建团队和成为一名领导者，你首先要做的不是大声宣告"请大家跟随我"，而是要成为团队愿意跟随的人。纵然你有伟大的愿景和使命，并且也乐观积极，但如果你不是人们想要追随的人，他们就不会登上你的巴士。

当人们选择跟随你时，会首先评估你，继而再评估你的愿景。也就是说，你所说的很重要，但你是谁更重要。成为领导者不仅仅要做到分享愿景和保持乐观，也不仅仅要时常谈话和思考，还要花时间和精力建立融洽的人际关系，挖掘他人潜能，培训、鼓励、关心并服务他人，努力成为团队能信任的人。

在多年的职业生涯中，我发现员工最关心的两个问题是"我

第 7 章　建立正向关系，让团队达到最佳状态

能信任你吗？"和"你关心我吗？"。若想成为人们想跟随的人，就必须成为他们能信任的和关心他们的人。若想将跟随者团结在一起，就需要成为会创造联结的人。

领导力始于爱。鲍勃·高夫（Bob Goff）是《爱是真的》（Love Does）一书的作者，他表示，"爱"不是一个名词，而是一个动词，它关乎用爱领导、分享爱以及将爱倾注到行动之中。高夫是国际恢复组织的创始人，这是一家保护儿童的非营利机构。多年来，高夫一直致力于拯救那些沦为性奴的未成年女孩，同印度的卖淫团伙做斗争。截至目前，该机构协助警方逮捕了 80 名罪犯，并将被贩卖的孩子安置到了临时或永久的住所。

高夫还曾频繁地前往乌干达，为了解救那些面临生命危险的儿童，他将自己的生死置之度外，并为那些儿童上诉了 200 多次。高夫和其创办的非营利机构还在乌干达建立了一所学校，名为恢复领导力学院（Restore Leadership Academy），它容纳了乌干达北部战乱区的 250 名孩子。高夫不惧子弹横飞的荒蛮之地，同巫医、罪犯和不公正待遇做抗争，他是我见过的最具爱心和最积极的领导者之一。

高夫曾将自己的手机号码写进自己的书里。他说，大部分读

者打电话过来通常会问:"高夫,真的是你吗?"当他回答"是"后,他们会向高夫表达自己对他的书的喜爱,并感谢他的回复。高夫说,读者打电话来就是想确认他是否真的公开了自己的手机号,一旦确认,他同读者就建立起了相互信任的关系。透过高夫的行为,人们在感知到他的爱以后,便会满怀激情和忠诚地跟随他。对领导者而言,道理也是一样的,通过展示你爱他们的方式,你的追随者会知道你是否真诚。

高夫和很多我见过的积极领导者都向我们展示了爱是世界上最伟大的领导力原则。最近,我在一个文教区进行演讲时,遇到了一位受人尊敬的校长。她成功地将一所"问题学校"转变成了"模范学校"。我向她讨教经验,她说:"我爱我的员工和学生,我做的每件事都是希望他们能更好。"

有一次,我在一个销售会议上遇见了一位冠军销售员,我问他销售秘诀所在,他说:"我爱我的客户,而且他们也知道这点。"我曾接触过一支职业运动队,教练将这支运动队从多年的失败者转变为连年的胜利者。我问球员有什么秘诀,他们说是因为教练:"他爱比赛,爱我们。我们就像一家人。"

不管你的头衔是什么,职业是什么,作为人,我们需要去爱

第7章　建立正向关系，让团队达到最佳状态

和被爱。正是那些爱我们的人成就了我们的今天，我们的团队也将会被我们的爱所影响。爱是区分优秀和卓越的标尺，优秀的教师对课程计划熟稔于心，而卓越的教师理解和热爱他的学生；优秀的教练知道攻与防的技巧，而卓越的教练理解和热爱他的球员；优秀的销售员知道如何卖出东西，而卓越的销售员理解和热爱他的客户；优秀的领导者知道自己的愿景和目标，而卓越的领导者理解和热爱他的追随者。如果你希望建立卓越的团队、公司、家庭、学校或组织，请学会爱人，并和他人一起合作。

少一点规则，多一点沟通

美国作家安迪·斯坦利（Andy Stanley）曾说："不考虑人际关系会招致背叛。"有太多的领导者向跟随者分享他们的规则，但都没有和追随者形成融洽的关系，这导致他们的追随者不会将自己投入到团队的使命和愿景之中。很多领导者都曾告诉我，当他们减少对规则的关注，将更多精力放在经营关系上时，团队的表现、斗志和投入度都会显著改善。

研究显示，当校长和教师关系融洽时，学生的考试成绩会

提高。在体育界,当运动员感受到教练的爱时,他们会为了教练而在比赛中更卖力。在商界,如果客户知道他们的代表、代理人或销售关心他们时,客户与企业的合作关系就会更坚固,而且会自愿成为推荐人。

团队和组织能否成功,取决于领导者和追随者之间以及追随者相互之间的关系。如果你爱一个人,自然会花时间和精力来经营你们之间的关系,并帮助对方提高和成长。每个人的身上都有一台灵敏的"情感探测器",对方既能够感受到你的爱,自然也能感受到你的疏离。

如上所述,如果你爱一个人,自然会花时间和精力来经营你们之间的关系。若想要和团队成员建立良好的关系,良好的沟通是关键。融洽的关系是卓越的团队和组织赖以建立的基础,而沟通又是建立融洽关系的基础。不幸的是,许多团队和组织由于沟通不畅,最终分崩离析。

如今,发达的社交网络覆盖全球,我们拥有了更多的沟通方式,但沟通的意义却越来越不明显。我们的关系、团队工作、整体投入度和表现都受到了挑战。沟通建立信任,信任催生投入,投入培养团队合作能力,团队合作带来伟大的成果。如果你从一

第 7 章　建立正向关系，让团队达到最佳状态

开始就没有重视沟通，也就无法拥有这随后的一切。

我曾和洛杉矶快船队（Los Angeles Clippers）主教练道格·里弗斯（Doc Rivers）共进午餐，我问他，对领导者而言什么事情最重要。他答道："和队员进行一对一的沟通。我需要了解每一个队员，以便自己将他们领导至他们真正需要去的地方。因为我经常和他们沟通，所以明白谁在为个人问题而挣扎，也知道谁需要鼓励、谁需要挑战。"接着我问道格，作为一名教练，他最想要提高的能力是什么。他答道："沟通能力。"这个答案出乎我的意料，要知道，道格被公认为体育界的最佳沟通者，这也从侧面反映出了沟通的重要性。

虽然许多领导者会同团队进行集体沟通，但我相信，像道格一样进行一对一的沟通是更行之有效的方法。不过，持续与团队里的每个人进行一对一的对话难度颇大，这将消耗你大量的精力和时间，尤其是当你所处的团队非常庞大时。对此，最有效的解决方法是：同你的领导层团队以及被你直接领导的人进行一对一沟通，接着层层推进，保证领导团队和基层团队沟通良好，确保上情下达，下情上传。如果团队中的所有人都能做到这一点，那么人与人之间的关系、团队工作以及表现都会有所提高。

正向团队赋能

这具体应该怎么做呢？这应该是：一位校长每天可能会安排与教职工开 2～3 个十分钟会议，医院的行政管理者会和医生及护士开同样的简短会议，公司的部门经理每周也会和自己的直接下属开总结会议。

拉斯·若斯（Russ Rose）教练曾六次带领宾夕法尼亚州立大学女子排球队获得全国冠军，他的沟通秘诀是"一分钟训练"。赛季中，拉斯会将球员依次叫到自己的办公室，进行一对一的简短会面。他会肯定对方的优点，同时也会告诉对方应该改进的不足之处，以及在接下来的循环训练中应该关注的地方。最后，拉斯会问队员需要什么帮助。这种方法能让他快速有效地得到对方直接、坦诚的回馈，能够明确双方的期待，降低不确定性，提升个人和团队的表现。

若沟通出现裂痕，消极心态就会乘虚而入，它会如藤蔓一般生长蔓延。因此，沟通非常重要。它不仅能培养融洽的关系、建立信任，同时也能避免流言和消极能量的传播，还能保护团队和组织不受这两者的侵害。

你不能等到危机来临的那一刻才开始和团队沟通，而必须在危机来临之前就开始。如此一来，你才会拥有强有力的后盾。

第 7 章　建立正向关系，让团队达到最佳状态

此时，沟通是你的第一要事，从个人层面和集体层面上看，我们都需要加强沟通。

那么我们应该怎么填补裂痕呢？比如，每周一早晨 8:30，召集职员参加周例会，讨论公司面临的挑战、每周目标和热门话题。每日与销售团队进行电话会议来解决难题，总结成绩以及相互学习。若你领导的团队遍及全球，仍可以通过网络与团队定期进行视频会议。

每天中午，你可以用一分钟的时间，和公司里的每个人分享富有启发意义的信息。对于经营家庭，我的方法是每周举行家庭会议。我们会讨论家庭的使命和过去一周以及接下来的挑战，还有各自的心事。看上去，填补裂痕就像是沟通，而它确实也是你的团队、组织和家庭在面临转折点或挑战时最有力的保护机制。

填补裂痕的最佳方式就是走出办公室，和你所领导的人互动。像金宝汤公司 CEO 道格·柯南特经常做的那样，在咖啡馆举办茶会，或者组织员工旅游，都不及面对面交流的效果好。当你和团队或组织中的成员进行直接互动时，会打破"我"和"他们"之间的界限，建立起"我们"的概念。你会发展出一段融洽的关系、一支强大的团体和一个严密的组织。

正向团队赋能

在《在更衣室赢得先机》一书中,迈克·史密斯教练讲述了他每天前往训练房,安慰正在接受治疗的受伤或患病的运动员,并同他们共进午餐的经历。迈克一直想让这些队员知道,不管他们处在队里的什么位置,他都会关注他们的现状。迈克觉得和球员一起吃饭很有意义,因为他感觉这种环境能让对话进行得更加自然。通过和球员们进行饭间谈话,他意识到了自己管理方式的缺陷,也和球员发展出了融洽的关系。

他还把自己的大部分时间花在了更衣室,在那里,他可以观察球员之间的对话,从而观察到团队的整体氛围。迈克把这种方法比喻为"测量团队的温度",他不用维持团队能量的"恒温调节器",而是亲自去测量团队能量的"温度"。迈克说,当事情进展不顺利的时候,领导者经常只会把自己和团队的氛围关联起来,这是非常致命的错误。不论在体育界、商界,还是其他任何团队中,每天的氛围都是不同的,因为每天发生的事情都有所不同。

作为领导者,你必须对每天测量"温度"时出现的起起伏伏做好掌控的心理准备,时时刻刻对团队及成员的态度进行精确的评估,这将帮助你为团队和组织做出最正确的决定。

第 7 章　建立正向关系，让团队达到最佳状态

迈克说，他的团队周围有"恒温调节器"：参加训练的成员、管理器械的经理、负责沟通的员工以及负责球员发展的成员等，这些人力资源是无价的。当他四处巡视时，他会问这些人："今天的氛围怎样？"他们则会分享关于球员的无价信息。

迈克通过这些对话对许多不同的情况了如指掌，不管这些情况是积极的还是消极的。迈克说："通过询问团队的情况，不仅能让我更深入地了解团队，知道具体是谁状态不佳，还能确保我们的团队在最好的状态下运作，即在潜在的消极事件还未影响到我们的文化和表现时，就将它处理掉。"

作为一名领导者，你不能只和与你一样高高在上的领导者谈话，而是需要让那些最接近团队问题的人参与进来。你需要询问、倾听和学习，然后决定如何运用这些得到的信息做出决策。

利用语言之外的沟通方式

人们通常认为沟通就等于谈话，但其实倾听也包含在沟通中。最好的沟通者通常不是那些能言善辩的人，而是那些善于倾听和处理信息，以及能利用接收到的信息做出最符合团队和

组织利益的决定的人。最好的倾听者能真正理解对方传递的信息是什么。

在迈克·史密斯担任猎鹰队教练的七年间,我一直和他保持着合作关系。我注意到,作为一名领导者,他最大的长处就是善于聆听团队成员的声音。我在参观训练设施时,经常看到迈克正在全神贯注地听球员讲话,这能让球员们感受到迈克的关心,所以他们也会为了迈克全力以赴。

曾有一项研究显示,当人们感觉到自己真正被理解时,会眼眶湿润,有想要落泪的冲动,但在该研究的调查对象中,有90%的人都没有出现过上述表现。想要成为一名积极领导者,重要前提是首先成为一名积极的沟通者,用100%的真心去聆听成员内心的声音。

领导力和沟通能力兼具的人,其沟通方式会使周边的人感觉很舒服。我们最喜欢的短语之一就是"大声表扬,小声批评"。这一理念来自于最初的奥林匹克梦之队以及底特律活塞队的教练查克·戴利(Chuck Daly)和布伦丹·萨尔(Brendan Suhr)。由于拥有大量的人才且沟通良好,查克和布伦丹带领球队赢得了NBA总冠军和一枚奥运会金牌。他们获得了队员的信任,并

第7章 建立正向关系，让团队达到最佳状态

且通过在公共场合对队员进行表扬（在同伴面前表示认可），在私下对队员进行批评（在维护对方自尊的情况下指出不足）的方式建立了一支战无不胜的球队。

微笑同样也是积极沟通的一个重要表现，当你分享一个真正的微笑时，不仅你的大脑会产生更多的血清素[①]，那些接受你微笑的人的大脑里也会产生更多的血清素。请永远不要低估微笑的力量。作为积极的沟通者，你有能力通过微笑让一个人感觉更好。不管你的工作是什么，当你对着他人微笑时，你便是正在扮演一名药剂师，正为他们分发抗抑郁的药物。

积极的沟通者传播积极的消息，而不会传播消极的小道消息。我大学时期的长曲棍球队友迈克·康奈利（Mike Connelly）就因此而广受欢迎，不管你何时与他讲话，他总是在赞扬你们共同的朋友，从不会说任何人一句坏话。他经常传播积极的消息，即使你不在他身边，他也总是同他人分享与你有关的积极而非消极的事情。所以，迈克后来能成为成功的商人，也就不足为奇了。

积极领导者和沟通者同样会聆听他人对自己的批评，他们

[①] 血清素会影响人的胃口、内驱力（食欲、睡眠、性）以及情绪。提高血清素含量能改善睡眠，让人镇静，减少急躁情绪，带来愉悦感和幸福感。

欢迎它，知道它能使自己变得更好。他们会向团队队员、顾客、教练和身边的每个人发出一个清晰的信号：我一直都愿意学习、提高和成长。积极的沟通者会说："我接受你的意见。请让我变得更好，也让我们一起变得更好。"有一次，妻子告诉我，她想向我提一些养育子女的建议，我就对她说了这句话。我没有很抗拒，而是认真地倾听着，这让她很惊讶。在她给我讲了几个小时如何提升自己后，我将她的建议付诸实践，这真的让我和孩子都变得更好了。

我同样相信积极领导者和沟通者也需要依赖非语言的交流，他们通过点头、握手、拍背、碰拳和拥抱鼓励他人。积极的沟通不只依赖言语，也依赖肢体动作。一些研究也证明了，医生和病人之间、教师和学生之间以及运动员之间的肢体接触是有益的。

例如，一份研究结果表明，顶尖的 NBA 团队也是肢体接触（击掌、拍背、拥抱）最多的团队。在这个因为误用和滥用而使肢体接触成为禁忌的世界里，我们必须记住，这是一种让沟通更加顺畅的完美方式，我们怀着善意做出的一些合适的肢体接触会让双方都受益良多。当我同他人沟通时，我会给他们一个选择：碰拳或拥抱。这会让他们感觉舒服自在，对我来说，这也是最好的回应。

做团队中的最佳鼓励者

美国快餐连锁餐厅福来鸡（Chick-fil-A）的创始人特鲁特·凯西（Truett Cathy）曾自问："如何知道一个男人和女人需要鼓励？"他的回答是："只要他们还在呼吸。"我们都需要鼓励，积极沟通者鼓励和启发他人，让他们成为超乎自己想象的更优秀的人。积极领导者是伟大的鼓励师，世界需要更多这样的人。已经有太多人告诉我们成功是不可能的，可我们真的需要被人肯定。

我的高中英语老师曾告诉我不要申请康奈尔大学（Cornell University），原因是他们不会接受我，即使接受了，我也有可能无法完成学业（有趣的是，我现在成了一名作家）。我原本准备放弃申请了，但几天后，我在学校走廊上遇见了曾经教过我的老师伊凡·戈德法布（Ivan Goldfarb），并向他询问了康奈尔大学的情况。他说："申请吧，你可以做到的。"他的话改变了我的命运，最终，我成为康奈尔大学的学生，主修长曲棍球。

我们总是认为自己应该将"现实"注入他人的生活，认为自己的任务就是保护人们免受失败的打击。我们认为梦想总是遥不可及的。世上已经有太多的悲观主义者和现实主义者了，这个世界不需要更多消极或认为凡事都不可能的人，反而需要更多乐观主义者、鼓励和启发他人的人。

这个世界需要有这样的声音："我相信你，跟着你的激情走，实现自己的目标！""如果你拥有梦想，那就努力使它成真。""加油，你正在变得更好。""继续坚持，经济环境虽然不景气，但你同样可以发展生意；就业市场不太好，但我相信你会找到合适的工作。""你遇见了很多障碍，但塞翁失马，焉知非福？你可能因此而学到了更多。"

对于那些鼓励我们做最好的自己的人，我们都愿意同他们一起工作，或为他们工作。我们喜欢与那些能帮助我们提升自己的人接触，尽管我们会一直记着那些告诉我们不可能、不应该的人，但也会为那些鼓励我们的人在心里留下一个特殊的位置。

就像我曾写过的那样，领导力与信念的传递有关。今天，就让我们将积极信念灌输给需要鼓励的人，帮助消沉的人重新振作，

第7章　建立正向关系，让团队达到最佳状态

用我们的积极能量为团队加油，让人们相信一切皆有可能。鼓励会帮助你建立人际关系，这很重要，我们每个人都需要它。

高一那年，我曾想放弃长曲棍球，但我的教练托尼·卡亚扎（Tony Caiazza）坚决反对我的决定。托尼教练告诉我，以后我可能会到大学打球，甚至可以去常春藤联盟打球。那时，我甚至不知道常春藤联盟是什么，也不理解他对我的愿景。然而，我最终成了康奈尔大学的一名长曲棍球运动员，师承里奇·莫兰（Richie Moran）教练。

信念决定了一个人的成功或失败，而信念通常由他人传授给我们。托尼教练就是那位传授我信念的人，这份信念改变了我的人生轨迹。如果你相信自己的追随者，更多地看到他们的潜力而非他们的局限性，那你就可以成为追随者眼中的信念传授者。令人惊讶的是，当人们知道你对他们有期许的时候，他们就会达成你所期望的目标。

我在大学打长曲棍球，由于深知这项运动的益处，所以也鼓励我的女儿去打。可是，当看到其他孩子在赛场上跑来跑去，而她却站着发呆时，说实话我是很失望的。上中学后，她开始渐渐接触长曲棍球，我看见了一丝希望。我们经常一起练习，

钻研使用曲棍的技术。我看到她有所进步，但在比赛中，她的成绩不太理想。

必须承认，我那时并不是一位积极领导者，我将自己的期待和沮丧都强加在她身上，这几乎让她放弃比赛。我是一个典型的望女成凤的家长，我的自我认同就来自于她是否成功。那时，我有幸读到了乔·埃尔曼（Joe Ehrmann）的《教练内外》（*Inside Out Coaching*），这本书讲的是如何做一个支持型家长而非望子成龙式家长，它改变了我做家长的方式。之后，我依然陪着女儿练习，帮助她取得进步，但我只展露出对她的鼓励而非失望。

上高中后，她加入了校队，甚至开始参加正式比赛，但由于在几场关键比赛中表现不佳，她坐上了冷板凳。我继续鼓励她，我们经常在后院练习，她虽然有所进步，但仍然不果断，从没试着在比赛中成功得分。我告诉她，她拥有势不可当的力量，然而她在打球时还是畏畏缩缩的。"杰德（Jade）！带球往球门走，再临门一棍，他们都阻止不了你！你是势不可当的！"我经常这样说，而她只是微微一笑。我一直期待和祈祷她能认识到自己的潜力。

她读高二时，我仍然和她一起练习，仍然对她重复"势不

第 7 章　建立正向关系，让团队达到最佳状态

可当"这个词，也打心底里相信她。结果，她在那个赛季为团队赢得了 80 分，在地区总决赛中打进了 8 个球，在国家半决赛中打进了 7 个球，帮助她的团队闯进了国家总决赛。由于在赛季中表现出色，她被提名为全美明星阵容中的一员，并且得到了大学的录取通知书。看到她开始享受比赛，我确认了自己的方法是正确的，也让我感受到了积极领导力的强大效力。从起初几乎要毁掉我的女儿，到后来成为鼓励和相信她的积极领导者，我很清楚这其中的变化。

成员越团结，团队更投入

尽管沟通和鼓励能建立信任、发展关系，团结却是获得信任、建立纽带、加强关系、生成投入感、培养伟大的教练力和领导力的关键。积极领导者不仅善于沟通，他们还会和他人进行心与心的联结。我在前几章已经提到过关于领导者如何创造一个统一且紧密的组织和团队，而组织和团队的联结却是个人联结的结果，最伟大的领导者会团结自己的追随者。

我观察了加州大学洛杉矶分校（University of California

at Los Angeles，UCLA）的篮球教练克里·克洛兹（Cori Close）、俄克拉何马大学（Oklahoma University）的篮球教练谢里·科尔（Sherri Coale）、圣母大学（the Notre Dame）的垒球教练迪安娜·甘芙（Deanna Gumpf）是如何领导团队以及同他们的团队互动的。我看到他们与团队同心合力，对待球员像家人一样。我知道他们花了多少时间和精力与每位球员交流、沟通，这就是他们的队员能全力以赴以及他们的团队能成功的原因。

人们只有在互相团结的前提下才会投入，进而获得更圆满的成功。我相信，除非你真正了解对方并和对方关系融洽，否则你无法帮助他们成长。团结一致的氛围和融洽的关系是推动我们真正进步的关键因素。

在 2016 年季后赛前，我亲身前往拜访了洛杉矶道奇队（The Los Angeles Dodgers），见识到了教练和队员交流沟通的绝佳范例。关于如何建立一个常胜的团队以及团结一致对建设团队的重要性，我在春季训练期间和洛杉矶道奇队的教练及其团队进行了交流。六个月后，我坐在戴夫·罗伯特（Dave Roberts）经理的办公室和他谈话，期间，一位球员走了进来，在和我打了

第7章 建立正向关系，让团队达到最佳状态

招呼后，戴夫起身给了这位球员一个大大的拥抱，这足足持续了五秒钟，就像父亲给远行后回家的孩子的拥抱。他们谈论了一会儿最近的生活和练习情况后，球员就离开了。对于拥抱这一行为，我称赞了戴夫，他说："我每天都会如此，他经常会停下训练，和我谈谈人生、挑战，以及脑子里冒出的想法。"

几周后，在观看道奇队在赛季后打国家赛时，我惊讶地发现那名球员在第四场和第五场比赛中用本垒打帮助了道奇队晋级，这就好像我得到了一张前排坐票，观看了一名教练在球员身上倾注心血后所取得的效果。

戴夫在创建关系时不仅仅在球员身上投注心力，在他带领我参观整个场馆设施时，我发现他自创了一个有意义的接触动作，并且同每位球员和其他教练都建立了紧密的联结。能看到积极领导力被实践，确实是有趣且特别的经历。

成为服务型领导者

沟通、鼓励、相信、倾听和联结是建立融洽关系和伟大团队的必要因素，但没有全身心的投入，任何伟大的事情都无从

谈起。作为领导者，你肯定希望自己的团队成员能全身心投入。若想让希望变为现实，领导者就先要做到全身心投入。投入不能只是口头上说说，而是必须让团队感受到你的投入。当你的追随者看到并感受到你的投入时，他们自然也会兢兢业业。当领导者向我抱怨他的团队做任何事都浮于表面时，我总会建议他向团队展示投入是什么样子，然后他就可以告诉他的团队成员："超过我，就从你开始。"

"投入具体是什么样的呢？"领导者会问。

"要让他人的需求优先于你的需求。"

当一位领导者花时间去服务团队时，这个团队就能感受到领导者的投入。比如，马丁·路德·金上街游行，即使被判入狱，仍为平等而抗争；特蕾莎修女（Mother Teresa）无偿救济穷人，治愈病患。数年来，我看到了许多的领导者在以最简单、最有力的方式服务着他们的团队。也有许多领导者认为，他们拥有权力和责任，所以团队就要更多地服务他们，但积极领导者却知道，他们的工作就是服务自己的团队。

当你服务团队时，你会帮助他们成长，他们也会帮助你成长。你无法同时服务于你自己和团队，所以必须决定是准

第7章 建立正向关系，让团队达到最佳状态

备服务"我"还是"我们"，你必须决定是成为一个自我服务的领导者，还是成为一个服务他人的真正领导者。

当今，做一名积极的服务型领导者很难，领导者们都比以往承受了更大的压力。如果你是一位商界领导者，就必须随时接受股民、董事会和股东的拷问。如果你是一位教练，就必须接受你的老板、总经理和球迷的质询。如果你是一位校长，就必须接受校董会、监督人和学生家长的质疑。随之而来的，还有重重压力和紧张的情绪，它们会让领导者开启自我保护模式，而不会选择服务团队。当领导者更加关注果实而非根茎，更关注结果而非奋斗过程时，他们虽然可以在短期内生存下来，可从长远发展的角度看，他们不会长期生存下去。

自我服务的领导者不会留下能让世界变得更好的遗产，他们专注于在短期内积攒财富和获得名声。为团队服务的领导者可以激发他人的潜能，能为了帮助团队成员而自我牺牲和服务他人。你不需要在变得伟大后才能服务团队，而是只有在服务团队后才能变得伟大。每天，你都必须问自己：我在用什么方式服务我的团队和追随者？我如何帮助他们实现愿景？我如何向他们展示我的投入？这些也是我必须问自己的问题，也是让我成为一名积极

领导者的必修课。

几年前的一天，我的儿子邀请我去打乒乓球，那时我正在写一本新书，于是以自己很忙为由拒绝了他的邀请，可他一次又一次地来邀请我，以至于最终我不耐烦地说道："我去不了，我正忙着写一本关于如何促进关系的书呢。"现在想来，当时的场景真是有些讽刺，我正在写一本关于"关系"的书，却没有时间来经营这个世界上对我来说最重要的关系。

每年，我都会选择一个年度词。今年，我将"服务"选为自己的年度词。我去过很多国家，为很多公司、学校和运动队进行过演讲，却很少把时间分给我的妻子和正处于青春期的儿女。我意识到自己虽然需要对团队更投入，但为家庭服务也同样重要。所以，为了有更多时间陪伴家人，我取消了大量的演讲计划。这是我人生中最艰难的一年，但是在投入和服务家庭的过程中，我成了一名更好的领导者，迎来了职业生涯的成功时刻。

我女儿在学校的表现不好，儿子总是和妻子作对，妻子也很焦虑，处理不好家务，这一切都让我很失落，因为我希望自己的孩子能成为像我一样做事主动的人，希望我的妻子能够掌控好这一切。为什么他们还需要我的帮助？为什么我不能有一个特别的

第 7 章 建立正向关系，让团队达到最佳状态

"团队"？是的，我承认，我想要一个不一样的团队，难道你不想拥有吗？如果你是领导者、教练或为人父母，我知道你的答案会是肯定的。

尽管我很失落，但仍然愿意花时间来使我的家庭变得更好。我每天开车送女儿去学校，并且鼓励着她。她回家时，我会询问她的家庭作业和测试结果以确定她的状态。我会把孩子们送上床，同他们一起祷告。通过帮助妻子做家务，我开始了解到即使是琐碎的日常生活也会给人们带来不小的苦恼。这些经历让我对家庭变得更投入了。

等到年末，妻子问我下一年的关键词是什么，并猜测可能会是"自私"，因为她从来没有看到过我为家庭付出如此之多。我告诉她，她的猜想是错的，"服务"现在是我以及事业的一部分，花时间服务家庭就是我向妻儿展现投入度的一种方式。我意识到自己不需要一个特别的团队，而是需要成为一名更好的领导者。曾经，我做每件事的出发点都是"我"，但当我关注"我们"的时候，状态才是最棒的，这让我悟到了一个关于领导者的真理：我们因为某个原因成立了一个团队，在建立团队的过程中遇到的挑战会让我们成为更好的领导者。

正向团队赋能

当你很投入时,你的团队能明显感受到。我的儿子因打网球而背部受伤,妻子把他送去了脊椎按摩师那儿,按摩师问孩子的父亲在哪儿,妻子告诉他我正在世界领导者大会(World Leaders Conference)上为一群领导人演讲,按摩师说:"好吧,乔恩小有名气。"我儿子回答道:"在我家他可不是名人,他还洗衣服呢。"

当妻子告诉我这个故事时,我感到很兴奋,因为儿子注意到了我对家庭的投入,这对我来说就意味着一切。我并不需要自己的名字家喻户晓,只希望在我的家庭里有个好名声就够了。我的女儿现在在学校表现得很出色,妻子的心情也好了许多。现在,我正帮助儿子成为更优秀的自己。我相信所有的成功都开始于让你的团队(家庭团队、工作团队或运动团队)变得更出色。

我第一次见到卡尔·利伯特(Carl Liebert)时,他是 24 小时健身馆(24 Hour Fitness)的 CEO,正邀请我为他公司的领导层演讲。利伯特毕业于美国海军学院(Naval Academy),曾和大卫·罗宾逊[①](David Robinson)一起效力于海军篮球队。在家居

[①]大卫·罗宾逊在 1987 年 NBA 选秀中被圣安东尼奥马刺队以首轮第一顺位选中,之后在美国海军服役两年,1989 年正式进入 NBA,职业生涯(1989—2003 年)全部效力于马刺队。1996 年 NBA 诞生 50 周年之际,大卫·罗宾逊入选 NBA 官方"50 大巨星"。

第 7 章　建立正向关系，让团队达到最佳状态

连锁店家得宝（Home Depot）工作多年后，利伯特将他的服务式领导模式带到了 24 小时健身馆。

在他成为 CEO 之前，24 小时健身馆的领导们都有私人教练到家中对他们进行私人训练，上任后，利伯特强烈要求领导们都来健身中心训练，并要求领导们每年花一周时间进行轮岗。一些领导选择在会员销售部体验，另一些则选择体验体能训练师或会员服务部的工作。这种经历可以让 24 小时健身馆的领导们拥有更多时间和员工沟通，找出更优质的服务团队和顾客的方式。这展示了他们的投入，也使 24 小时健身馆迎来了全新的发展阶段。

完成 24 小时健身馆的成功转型后，利伯特成为联合服务汽车协会保险部门（USAA Insurance）的首席运营官（COO），他在那里继续展现着服务式领导力和高投入度。我曾在联合服务汽车协会工作过一段时间，亲历了他用真实、谦逊和高度投入的方式领导团队。利伯特不仅要求高投入度，也欢迎反馈，他一直在研究每位团队成员和教练能力的特质，致力于让他们成为更好的自己。他在领导团队时颇为谦逊，因为他明白自己并不是中心，

团队才是。记住，领导团队并非是以你为中心的，而是关于你如何将自己投入到为他人服务之中的。

我之所以会以这么多教练为案例，是因为我曾和他们相处过很长时间，并且很欣赏这些伟大的教练们对团队的投入方式。每个人都谈论着像圣安东尼奥马刺队主教练格雷格·波波维奇（Greg Popovich）或新英格兰爱国者队主教练比尔·贝利奇克（Bill Belichick）那样拥有过人智慧的人，但如果你近距离地观察他们，花时间和他们待在更衣室里，你就会发现这些教练的真正秘诀：对培训球员进行投入，帮助他们成为更好的自己。

他们呕心沥血地帮助球员实现个人目标，他们对球员倾注时间和精力，帮助他们提升人生的各个方面。媒体不一定会将这些教练描述为积极领导者，但球员知道他们就是积极领导者。

体育界之外的领导者也需要知道如何培训追随者。我经常告诉领导者，你不可能会培训到团队里的每一个人，但你可以培训你的领导层团队，使他们变成更好的领导者，并鼓励他们用同样的方式去培训自己的下属，这样一级一级传递下去，直至贯穿整个团队。如果每位领导都能投身到培训人员之中，那么，员工

第 7 章　建立正向关系，让团队达到最佳状态

表现、公司生产力和利润将大幅改善和提升。

多年以前，军队会选送他们最好的士兵到精英聚集的美国陆军第 75 游骑兵团（75th Ranger Regiment），但只有 30% 的士兵能通过训练，于是，军队领导层决定投入更多精力，让选手们提前为遇到的挑战性训练做准备。第二年，通过率竟高达 80%，产生这种飞跃式进步的原因就在于训练方式的不同，还有在人员、训练过程和准备方面投入的更多时间和精力。当你无私地投入到训练人员之中时，你的追随者自然会跟随你行动。在团队中创造文化，这将使每个人都能从中获益。

为了建立一个伟大的团队和组织乃至改变世界，人们需要知道和感受到你有近乎冲进火灾现场营救他们的勇气，也必须知道你愿意为他们的利益而牺牲自己的利益。在分享积极的愿景后，积极领导者一般不会采取容易的方式实现愿景，而是经常忽视相对平坦的途径，选择一条充满挑战和牺牲的曲折之路。那些改变世界的积极领导者给我的印象就是，他们会对一个人、一件事、一个目标或计划全心投入，为了高尚的事业而奋斗。

1955 年，在种族矛盾不断激化的美国，罗莎·帕克斯（Rosa Parks）因拒绝在公交车上将座位让给白人而遭到逮捕，这引发了

公共汽车罢乘事件[1]。这并非偶然，自1943年，罗莎就成了全国有色人种协进会[2]（National Association for the Advancement of Colored People，NAACP）的成员，为了美国黑人遭受的不公平待遇，她曾作为代表上街游行。对于发生在1955年的公交车事件，罗莎说："我也很累，累到无法放弃座位。"正是她的坚定以及她所相信的高尚事业，启动了一场改变美国历史进程的民权运动。

特蕾莎修女将自己的一生奉献给了他人，她在印度加尔各答（Calcutta）创立了一个13人的使命团体，后来这个团体吸引了全球超过4 000名修女的加入。她们运营孤儿院、服务穷人和治愈伤者。特蕾莎修女作为诺贝尔和平奖得主，她激励了无数人投身于服务事业，向世界展示了全身心投入的样子。

表面上看，美国著名脱口秀主持人奥普拉·温弗瑞（Oprah Winfrey）创办哈普娱乐集团是出于自己的需要，其实这和事实相去甚远。是的，她建立了一个媒体帝国，但正是由于她

---

[1] 当时，4万多名黑人放弃乘坐公共汽车，有人甚至步行30多公里上班。从1955年起，黑人对公共汽车的抵制坚持了381天，最后迫使最高法院于1956年11月判决公共交通上的种族隔离政策违宪，黑人终于赢得了应有的权利。
[2] 一个由美国白人和黑人组成的旨在促进黑人民权的全国性组织。

的坚持、勇气和帮助人们成长的决心，才使她的媒体帝国得以成为现实。美国作家、诗人马娅·安杰卢（Maya Angelou）曾说："领导者能看到他人身上的闪光点，如果他（她）看到的只有自己，那么他（她）就不大可能会成为一名领导者。"积极领导者会关注他人，并且会全身心投入到发掘他人闪光点的行动之中。

变革赋能方式，激发员工价值

全身心投入的伟大之处就在于，当你奉献自己的一生帮助他人成长时，你也会成长。斯文·纳特（Swen Nater）曾经是赛普里斯社区学院（Cypress Community College）的明星球员，后来被约翰·伍登（John Wooden）召进加州大学洛杉矶分校打球，但纳特得不到太多比赛机会，因为他的主要任务是陪重点球员比尔·沃尔顿（Bill Walton）练习。伍登希望身高一米九左右的纳特可以推动沃尔顿进步。

纳特接受了这个任务，他每天的练习目标就是让沃尔顿变得更好，而与此同时，纳特同样也进步了，他成为美国篮球协会

（American Basketball Association，ABA）和 NBA 历史上唯一一个没有参加过大学级比赛，就被选入参加首轮比赛的球员。当时，纳特被提名为 ABA 新人，并在 ABA 和 NBA 度过了 12 年的职业生涯。

纳特的经历向我们例证了当你帮助团队变得更好时，你也会变得更好。当你帮助他人提升时，自己也会提升。当你在放下自我为他人服务时，你就会在自己身上发现伟大的力量。伟大的领导者服务他们的追随者，纳特对团队的投入帮助他成为一名成功的职业篮球运动员，现在，他是好市多公司①（Costco）的管理者，并且仍致力于让身边的人都变得更好。

帮助他人提升的方式有无数种，我无法说出你应该选择哪一种，但可以告诉你的就是，当你全身心投入到成为一名为他人服务的积极领导者时，就会使你的团队甚至你周围的整个环境发生变化。

我曾接触过美国特种部队的领导者，他告诉了我美国海军特种部队海豹突击队（Navy Seal）的队员要如何才能成为海豹六队（US Seal Team Six）成员的事情。尽管海豹突击队已经被视

---

① 美国最大的连锁会员制仓储量贩店。

第7章 建立正向关系，让团队达到最佳状态

为特种部队里的精英部队了，但他们还是不得不通过努力训练才能成为海豹六队的成员。他说，当队员通过所有测试后，他们将考察这些队员的性格特点，如果不符合他们的标准，海豹六队就会表示："非常感谢你的参与，但你确实不适合我们。"

"什么才算合适呢？"我问。他说："我们寻找的不是表现最佳的人，而是在表现出自己最高水平的同时，还留心帮助其他团队成员的人。"我突然想到，如果你想成为精英，就要表现出色，但如果你想成为精英中的精英，就必须成为一个变革型的积极领导者，并能帮助他人变得更卓越。

关心他人是积极领导者一切行动的出发点，如果你不爱自己的团队，也就不会关心队员，如果你不关心队员，也就不会花时间来团结、沟通、鼓励和服务队员。积极领导者关心他们的追随者，关心他们的团队和组织。积极领导者关心如何改变这个世界，因为他们知道这个世界需要改变。由于他们关心，所以会做得更多、给予更多、鼓励更多、帮助更多、指导更多、引导更多、培养更多、建立更多，最终达成更多。

如果每当听到"人们不关心你知道多少，直到他们知道你有多关心他们"一次，我就能得到一美元，那我现在就可以成

为富翁了。相同的话经不同的人反复说出，就说明其必有道理。确实，当你关心一个人时，对方会感知到，当他们感受到你的关心时，也会关心你，并满怀忠诚和热情地跟随你。

田纳西大学女子篮球队的传奇教练帕特·萨米特（Pat Summitt）曾说："我执教了40年，赢了1 098场比赛和8次国家锦标赛，但我关心的并不是比分，而是队员。"这些年来，她待球员如自己的亲生女儿，因而成为数百位球员的代理母亲。球员们感恩帕特的关心，以及她倾注在她们身上的心血。

帕特办公室的门总是敞开的，因此，球员们可以随时走进来坐下和她聊天。她的一位球员坎迪斯·帕克[1]（Candace Parker）曾说："大家赢得了锦标赛，萨米特很激动，但让她更激动的是，她能让球员的人生有所不同。"

伟大的领导者拥有"关心标志"，即他们展示关心的一种独特方式，这会使他们在工作和生活中都能脱颖而出。如果你了解德瑞克·基特[2]（Derek Jeter）的职业生涯，看过他在洋基球场

---

[1] 1986年4月19日出生于美国密苏里州圣路易斯，洛杉矶火花队球员。2007年和2008年两次夺得NCAA女篮锦标赛冠军，并蝉联MOP。此外，帕克还于2008年和2012年两次为美国女篮夺得奥运会女篮金牌。
[2] 美国职业棒球运动员，曾为纽约洋基队队长。曾获得美国联盟的最佳新人以及美国职棒大联盟明星赛最有价值球员奖、世界大赛最有价值球员奖、一次银棒奖以及三次金手套奖。

第 7 章　建立正向关系，让团队达到最佳状态

（Yankee Stadium）终场比赛中挥出的奠定胜局的最后一记球，你就会知道德瑞克其实把每次击球都当作是最后一击，这也使他每次的最后一次击球都如此特别。没有人能比他更努力、更有激情、更加关心团队和比赛荣誉。他对团队的爱、投入及其职业道德是他过去 20 年的"关心标志"。

曾经身为金宝汤 CEO 的道格·柯南特的关心标志是他为员工们写了超过 10 000 封的感谢信。德鲁·沃特金斯（Drew Watkins）是得克萨斯州普罗斯珀（Prosper）一所独立学区（Independent School District，ISD）的负责人，他展示出来的对团队的关心超越了我见过的其他教育者。

我从他的员工口中得知，他以个人名义写了感谢信给所有的高年级毕业生。员工们以轻松闲适的口吻提到了此事，对他们而言，这好像就是一件稀松平常的事，但这让我非常惊讶。

"今年你们有多少毕业生？"我问道。

"403 名，"他们回答，"当我们学校一年只有 80 名毕业生时，他就开始这样做了，不管我们的发展如何，他都不曾放弃这个传统。"

"他如何了解每个学生？他会为了写感谢信而去教师那里获

取信息吗?"

"不会,"他们说,"德鲁确实了解他们,他会亲自了解这里的每个学生,他总是在校区内走动,而不是一直待在办公室。"

很明显,德鲁喜欢学生,学生也喜欢他,你可以从毕业生们给他的拥抱中感受到。

当德鲁同我聊天时,我问道:"当你有 1 000 个毕业生时,你还会为他们每个人写感谢信吗?""除非我离职了,否则我会一直这么做下去,"他说,"真正可怕的不是激情用尽,而是止步不前。"德鲁绝不允许自己待在原地不动。

我发现,除了给毕业生写信,他还会为学区的每一位学生写生日卡片。人们常常见到他为来上学的学生打开车门,和他们打招呼。有时,他会趁教师和学生吃午饭的时候,在教室的白板上留下鼓励的话语。每周一早晨,他都会给所有教职员工发去一封写满了智慧话语、鼓励和赞扬的电子邮件。我在 Facebook 上展示了与德鲁聊天的内容后,收到了许多令人动容的留言。

德鲁以前的学生写道:

我读幼儿园的时候,就认识了德鲁。高二的一天,

第 7 章 建立正向关系，让团队达到最佳状态

和我坐在一起吃午饭时,他指着被我剥掉外皮的三明治问道:"你还是不喜欢面包皮?"德鲁竟然还记得我一直不喜欢面包皮!我很感激他能做我们的督导人,再没有比他更好的人了。

一些家长写道:

孩子在幼儿园的时光让我印象深刻,我永远都不会忘记。他们回到家后,经常会谈起和他们坐在一起吃午餐的人,我很困惑,便问道:"那个人是谁?"他们愉快地答道:"是德鲁先生!"六年前,我就对德鲁先生有了深刻的印象,我经常看到他为孩子们开车门,同他们打招呼,即使是下着瓢泼大雨的天气,他也一如既往。

我儿子雅各布(Jacob)第一天上幼儿园时,德鲁就帮他开了车门,他从幼儿园毕业的那一天,德鲁同样帮他开了车门,而且他一直都记得我的儿子,这些让我感动不已,甚至有些热泪盈眶。

第7章　建立正向关系，让团队达到最佳状态

一些学区的教师写道：

我非常喜欢德鲁先生，十二年来，他一直为这个学区服务，一直保持着最初的激情，能成为他的员工，我很自豪。

德鲁先生是一位优秀的领导者。他向学生、员工和普罗斯珀社区展现了他的关心！

如潮水般涌来的留言向我们展示了人们有多欣赏这位领导者所展现出来的关心，以及人们是多么希望能够得到领导者的关心。受到德鲁·沃特金斯的激励后，我开始尽可能地展现自己对团队的关心。希望读完这些内容后，你也能有所收获。德鲁是一位值得学习的榜样，我们可以像他那样关心更多、给予更多和做得更多，让这个世界有一些小小的转变。我们可能不会一下子就达到德鲁的水平，却可以努力接近他的高度。

我们都可以投入时间和精力来经营关系，寻找展现关心的方式。当你用独特的方式展现出对他人的关心时，不仅自己会有更多的收获，还能启发别人去关心他人。想想那些由积极领

正向团队赋能

导者领导的伟大团队吧，这些领导者向世界展示了他们对员工的关心。一个愿意关心团队和成员的领导者能团结、统一、鼓励和转变团队和组织，同时也能改变这个世界。

我遇到的第一位领导者就是我的妈妈，她是我最好的老师，给予了我无微不至的爱、关心和鼓励。她自己并不总是那么积极，但她教给了我关于积极领导力最重要的一课。

十多年以前，妈妈住在南佛罗里达州（South Florida）。有一次，我和她在她家附近散步，当我发现她有些疲惫时，我对她说："你看起来需要休息了，我们回家吧。"

"不，我想走到超市买一些食材做三明治，给你带着在回家的路上吃。"

那天，我要回到自己位于蓬特韦德拉海滩（Ponte Vedra Beach）附近的家，路上有五个小时的车程，妈妈担心如果我没有吃的，会饿得受不了，她的关心标志就是为我做饭。最终我们还是走到了超市，买齐了材料。在往回走的路上，妈妈变得越来越疲惫，当我们回到家时，她已经筋疲力尽了，然而，她还是去厨房为我做了三明治。

开车回家的路上，我吃了她为我准备的三明治，当时我并

第7章 建立正向关系，让团队达到最佳状态

没有想太多。十年多过去了，那天的三明治却勾起了我的很多回忆。为我做三明治的那天，是我最后一次见到意识清醒的母亲。我母亲在和癌症抗争，这就是她容易疲惫的原因。她没有和我说她自己的身体状况有多糟糕，也没有说她自己活下去的希望有多渺茫。她最需要做的事是为了自己的生命和癌症抗争，然而在那天，她却把为我做三明治放在了第一位。现在回想起来，我意识到她不仅仅是在做三明治，而是在向我展示无私的爱和关心。

在妈妈的葬礼上，她的许多同事和客户同我分享了她为他们做的那些充满了无私的爱的故事。她像为家庭服务一样，在工作中为她的团队和客户服务。谈及伟大的领导力，我们经常想到的是宏大的愿景、宏伟的目标、伟大的行动以及成功。可是，我从妈妈身上学到的是，真正的领导力是通过细微之处展现真情。

很多人想成为影响时代的伟大领导者，但有一点需要谨记，那些影响时代的领导者，都是从做小事和服务追随者开始的。团结统一的团队和融洽的关系需要慢慢培养，一天一次互动、一次充满关爱的服务，都将助你铺就通向成功的道路。

THE POWER OF POSITIVE LEADERSHIP

CHAPTER 8　　　　　　第 8 章

追求卓越，帮助团队取得成功

人们普遍认为积极的心态和成功二者不能兼得，然而实际上，积极的心态会帮助你取得成功。

像耐克公司一样"永无止境"

积极领导者关心他人,对未来持乐观态度,所以他们一直在寻找让个人和团队变得更好的方法。他们永远不会满足于现状,总是努力地提升自己,改进团队组织和这个世界。他们追求卓越,创建伟大的事业,还常常试着去挑战不可能完成的事情。与心怀畏惧的人不同,他们满怀热情、谦卑、斗志昂扬、自信、动力十足和充满渴望。

积极领导者不仅希望自己成为最强者,也希望他人因自己的激励而变得更强。他们会穷尽一生追求卓越,并在每天早上醒来后都会问自己:"我如何才能变得更好?如何才能让这个世界变得更好?"这是意义非凡的,因为他们在追求卓越的过程中,

第8章 追求卓越，帮助团队取得成功

会提升身边每个人的标准和表现。

积极领导者为人谦卑，对知识如饥似渴。他们绝不会认为自己无所不知；相反，他们会一直学习、自我提升和成长。他们经常通过接受新观点和新策略将自己的生活和工作提高到更高的层次。他们对自己有清楚的认知，知道自己还有很长的路要走。对于提升和成长，积极领导者有强烈的渴望，他们愿意挥洒汗水和泪水，帮助团队和组织完成伟大的事业。

亚特兰大猎鹰队四分卫马特·莱恩（Matt Ryan）就是一个很好的例子，他总是怀着一颗谦卑和学习的心。在训练期间，每次我演讲时，他都坐在前排，而且经常会在演讲结束后对我分享的事情进行提问。他的动力并非来自于酬劳，他已经签订了价值一亿美元的合同，只是作为一个四分卫和领导者，他不想放弃任何能让自己进步的机会，这就是他每年都能够得到提升的原因。

积极领导者从不会停止学习、成长和进步。有一次，我在领导力大会上演讲时，看到了传奇励志演说家齐格·金克拉（Zig Ziglar），他就坐在第一排。演讲结束后，我激动地跑到他面前说："齐格，我人生最大的愿望之一就是能见你一面。"

他回应道："你需要有一个更大的愿望。"

齐格虽然已经82岁高龄了，但他依旧十分幽默，并且他随身带着自己的笔记本，保持着谦卑和活到老学到老的心态。

我喜欢的西班牙著名大提琴演奏家帕布罗·卡萨尔斯（Pablo Casals）在被问到为何在90岁高龄仍继续练琴时，他回答道："因为我认为自己正在进步。"

乔治·雷弗林（George Raveling）曾经是全国大学体育协会（National Collegiate Athletic Association，NCAA）的知名教练，我在同他共进午餐时，得知他当了30年教练，之后又以62岁高龄加入了耐克公司（Nike），担任耐克国际篮球市场主管。大部分进入花甲之年的人都会选择退休，但乔治表示，在耐克公司工作就好像在哈佛商学院（Harvard Business School）读书一样，他学到了更多的东西。

乔治已经80岁了，他还保持着每年阅读50本书的习惯，并经常问自己：我还需要学习些什么？他每天的目标就是尽可能地给身边的人带去更多积极的力量。我问乔治："你会退休吗？"他回答："我曾经这么想过，但我认为我还能做得更多。"他已经指导和影响了无数教练、球员和员工，并且还在持续为世界带来改变。他重申了耐克的一句口号："永无止境。"步入

第 8 章　追求卓越，帮助团队取得成功

耄耋之年的乔治仍然在学习的道路上步履不停，一直在成长，并不断提升自己。乔治的事迹告诉我们，任何一个人在任何年纪都可以持续学习、持续进步、持续帮助他人、持续制造积极的影响，这是一段没有终点的征程。

用关爱和要求引导团队成长

很多人认为积极领导者为人和善，没有严格的纪律要求，总是保持微笑，比起结果，他们更重视过程，实际上，这与事实相差甚远。积极领导者对自己有严格的要求，他们在鼓励团队成员的同时，也要求团队持续提升。

成为积极领导者并不意味着降低期待值，我见过许多优秀的积极领导者，比如艾伦·穆拉利，他就对自己的公司有非常高的期待。如果没有高期待，他就不可能将一家亏损了 140 亿美元的公司转变为一家盈利公司。通过鼓励、培训员工，改善公司策略和管理系统，他达到了自己的高期许。

皮特·卡罗尔是西雅图海鹰队的教练，他以创造愉快的团队文化而出名，同时，他也是一位极具竞争力的领导者。他的竞争

精神使团队变得更卓越，这种精神已深入团队每个成员的内心，使得他们对提升自我和取得胜利一直充满激情。

我曾经和领导者们合作过，并研究这些领导者多年，我相信能够创造出优秀团队、获得卓越战绩的积极领导者不仅会提供大量的关爱，而且还承担了许多责任。爱和责任感，是创造伟大团队、和谐关系和优异成绩的必要因素。

艾伦·穆拉利曾告诉我："你必须要爱你的追随者，还必须要确保你的团队对计划、流程、原则、文化和价值观负责。"他说，尽管他的领导方式和管理体系把公司的每个人团结在了一起，并且他尊重、帮助和欣赏每个员工，为他们创造愉快的氛围，以让员工享受工作过程，但他的积极领导力还与坚持不懈地执行计划高度相关。作为一名积极领导者，他必须有清晰的行动目标，并确保每名员工都明确这个目标，以及达成该目标所需要付出的努力。此外，他还要确保每个人都知道计划和需要特殊关注的地方。

他告诉员工，如果有问题，没关系，但不要将问题像秘密一样藏在心底，而是要将其说出来，让大家一起厘清思路，寻找解决方案。如果员工在一些方面失败了，他并不会因此被排斥，反

第8章 追求卓越，帮助团队取得成功

而会得到帮助。不过，艾伦表示："我们对违反流程的态度应该零容忍。如果有人不愿意和团队里的其他人合作，那么福特可能就不是适合他的地方。我的首要工作就是做文化的守护者，帮助团队对原则、价值观、流程和行为负责。如果有人违反了流程，我却对此不做任何回应，那么其他人就都知道我对自己的事业不够投入。如果我不让违反者对此负责，团队就无法存活下去。当我对员工付出了关爱，而且保证他们有责任感，那你就会惊讶地看到事情是如何飞速地朝着正确的方向发展的。"

艾伦掌管福特时，领导层团队质疑他的能力，很多人一开始对他的领导方式并不买账，但艾伦对他的原则和流程非常坚定。他要求团队对流程和他的期许负责，结果，艾伦很快赢得了他们的信任和支持，团队工作也很快就取得了进展。

达博·史温尼是我见过的在关爱团队成员和富有责任感方面非常出色的领导者，这也是他能带领团队走向成功的重要原因之一。当你花时间和他待在一起时，就可以感觉到他对球员的爱。球员们深知达博致力于让他们变得更优秀，也知道达博希望他们对他在克莱姆森队设立的标准负责。克莱姆森队就像一个十分有爱，同样也有很多架构和原则的大家庭。

有一位明星球员违反了团队规则,因此,达博取消了这位球员参加一场重要比赛的资格。尽管他的违规行为并不严重,但达博跟我说:"我们必须让每个人对我们设立的标准负责,如果让他上场,那我怎么向其他球员、职工和球迷解释?我们有自己的价值观,并且必须以此为标准。"人们曾尝试说服他,但他坚持自己的决定,克莱姆森队在没有那位明星球员的情况下赢得了那场比赛。这些都发生在克莱姆森队赢得全国锦标赛之前。

文化、价值观和流程对达博而言有多重要?他有一本约4.5厘米厚的笔记本,里面写满了他的想法、原则、信念、团队文化、价值观和赛季回顾笔记。每年,达博都会抽出四天时间,一页一页地和他的团队一起通读笔记本里的内容。他说:"你不能想当然地认为他们知道或者能够记住所有事情,你不能忘记所有过去以及现在使你成功的小事,你必须保持初心,这就是我们在整整四天中所做的事。这本笔记本里的内容代表了克莱姆森队的初心,我们会对它全身心投入。"

没有责任感的爱能让我们形成融洽的关系或有爱的家庭,但不会成就一个伟大的团队。在一个伟大的团队中,每个人都会努

第 8 章　追求卓越，帮助团队取得成功

力使他人变得更好，都会一起追求卓越，共同完成辉煌的事业。如果团队有责任感而没有爱，那成员就不会做到真正全身心地投入，他们将无法保持忠诚和激情，也无法出色地完成团队工作。团队将会像一个失调的家庭，冲突不断，每天的目标只是生存，而非兴旺发展。最终，逆反、压力和缺少支持会让成员筋疲力尽。

积极领导者和其他领导者的区别是，前者先表示关爱，再提出要求，而后者往往忽略了关爱。如果你的团队感受到了你对他们的关爱，他们就会接受你对他们的要求和鞭策。

我的朋友巴兹·威廉斯（Buzz Williams）是弗吉尼亚理工大学篮球队的主教练，他爱他的球员，愿意为他们付出心血，所以球员们也愿意在他的要求下离开舒适区，努力成为最棒的自己。

也许对你而言，迫使团队走出舒适区并不是最佳的领导方式，这会使你的团队产生抗拒心理，但你不得不这么做，因为当你对团队倾注了感情时，你自然也希望去帮助团队变得更好。你会对他们发起挑战，帮助他们达到潜能极限。你不会让他们止步不前，除非他们已达到最佳状态。在抗拒心理的影响下，你的团队可能会在当下对你产生意见，但随之而来的改变和成果，将会让他们

正向团队赋能

从内心深处欣赏你。

我经常向自己的孩子传授这些道理，他们就是这种领导方式的受益者。我也从经验中得知，如果你所做的一切都是以关爱为前提的，那么你的团队就不会真的对你产生意见，他们只是一时无法接受而已。当他们感受到你的关爱时，就会知道你的出发点是希望他们变得更好。

培养"匠人"，而非"工匠"

积极领导者帮助团队成员成为匠人而非工匠。工匠和匠人的区别在于工匠只是机械性地完成任务，而匠人则将更多的时间、精力、努力和关注投入到工艺之中，他们的目标不仅仅是完成一件作品，而是致力于制作伟大的作品。在一个许多人都满足于平庸生活的世界里，匠人不放弃寻求创造卓越的可能性，他们会在工艺中投入更多的精力和时间，付出更多的努力，挥洒更多的汗水和泪水。

当我在更衣室里和参加美国职业棒球大联盟[①]（Major League

[①] 北美地区最高水平的职业棒球联赛。

第8章 追求卓越，帮助团队取得成功

Baseball，MLB）的棒球队球员交流时，我问他们，有多少人相信他们能比以前更努力，每个人都举起了手。接着，我问道："那么下一个问题是什么？"

他们回答道："为什么不是你？"

为了使自己更努力地工作，你必须更加关心周边的人和事，因为这将使你更加投入，进而达成目标。如果你足够关心自己的项目、工作、团队，你将不会允许其他事情分散你的注意力，或让它们挡住你前进的道路，你将把自己的注意力投入到具有持久意义的事情中。积极领导者和他们的团队关心得更多，因此，他们得以创造更多伟大的作品。

沃尔特·艾萨克森在《史蒂夫·乔布斯传》一书中，分享了一则乔布斯在童年时期帮助父亲建篱笆的故事。乔布斯的父亲嘱咐他，他必须像砌前面的篱笆一样，仔细地搭建后面的篱笆。乔布斯说："可是，没人会看到后面的篱笆是什么样的。"他的父亲说："但是，你会知道。"乔布斯的父亲告诉他，不论别人是否知道，他都应该认真对待手头的事情。

数年之后，乔布斯用从父亲那学到的道理创造出了苹果产品，使得数百万新用户忠实于苹果，并对苹果产品充满热情。这并非

偶然，苹果原首席设计官乔纳森·伊夫（Jonathan Ive）说："我们相信顾客能感觉到我们倾注到产品里的心血。"

苹果关心他们所做的工作和创造出来的产品，反过来，他们也得到了用户的认可。我知道很多和乔布斯一起工作的人并不认为他能被称为积极领导者，但是请注意，没人可以被称为完美的积极领导者，不是每个人都有本书中提到的所有特征。综合考虑各方因素，建立关系是乔布斯的短板，但他的愿景、使命感、乐观主义、对卓越的追求，以及改变世界的渴望是无人能及的。他是一个比任何人都更关心世界的匠人，乔布斯的伟大愿景和激情吸引了众多追随者，并且他鼓励追随者们成为能创造出改变世界的产品的匠人。

我经常会向领导者们以及团队分享帮助他们创造卓越的原则：1%原则。所谓1%原则，就是每天都比昨天多付出1%的时间、精力、努力、关注和关心。显然，你不能具体算出1%是多少，但你知道如何在今天比昨天有所提升，变得更好。你可以追求卓越，致力于成为最好的自己。你可以不理睬那些影响你注意力的事物，专注在最重要的事情上。

我曾带领过一个35人的团队，我向他们分享了1%这一原则。如果每个人每天都能比昨天提升1%，那整个团队每天就能提升35%，长此以往，就会收获令人意想不到的成果。我的团队确实做到了，他们通过追求个人和团队的卓越实现了令人惊叹的进步。

打造高效能团队的三大理念

卓越是积极领导者们所追求的，但如果没有明确的目标和实际行动，就无法达到卓越。艾伦·穆拉利同我分享了一些他的理念后，我就对这个道理有了更清晰的认识。

第一个理念是他的合作管理系统、原则和实践方式，包括11条预期理想，比如"以人为本""人人都是参与者""清晰的绩效目标"等。

第二个理念是他的创造价值路线图，包括了他和他的团队以及组织坚持不懈地执行计划的过程和策略。每个过程和计划都包含了清晰的愿景、关注点。

穆拉利分享的第三个理念就是福特的价值创造，他在员工们的工作卡上写上了愿景、策略和计划，即一个福特、一个团队、一个计划、一个目标。他认为,每个员工都需要了解、接受公司制订的计划,并信任整个团队。接着,他再向员工表达了自己对他们的关爱,并激励他们开始采取行动。

穆拉利说,他所做的每一件事情都基于这三个理念,而这三个理念也已经融入每位员工的血液中了。我看到了他的方法和管理系统中的伟大之处,每个员工需要知道的事都已经呈现在他们胸前佩戴的工作卡上,他们不需要搜寻公司的网页或翻一本200页的员工手册。穆拉利是如此清晰地将信息提供给员工,让每个人都对公司的愿景与计划了然于心,从而具有采取行动的动力。在福特,没有使人疑惑的模棱两可的话语,或者是一些杂乱的琐事阻挡人们前行;相反,整个团队团结统一、运转井然有序、行动明确,创造了很多让人赞叹不已的成果。

作为一名积极领导者,请不要认为只有想法或计划面面俱到时才能实施。你要相信简洁的力量,即使目标单一,但只要你足够明确,这就会有助于你更关注行动,进而通过行动直接影响结果。

想要成为最积极的领导者,只有乐观的心态而没有具体行动是无法实现的。乐观的心态和明确的目标与行动才会让你成

第 8 章 追求卓越，帮助团队取得成功

为一名积极的领导者。只有具备了对团队的关爱和责任感，有明确的目标和行动力，有坚持不懈地自我提升和追求成功的动力，积极领导者才能把对卓越的追求提升为对所有人都能拥有美好未来的追求。

THE POWER OF
POSITIVE LEADERSHIP

CHAPTER 9　　　　　　　　第 9 章

用共同目标管理团队

我们觉得筋疲力尽往往不是因为我们所做的事，而是因为我们忘记了为什么要这么做。

有目标才会有动力

有些时候,你在起床后会感觉周身乏力,什么事也不想做;有时候,你觉得自己的学历不高,无法令人信服;有时候,你对自己的愿景不是那么积极,变得有些懈怠。总会有些会议被能量吸血鬼们占据上风;总会有些谈话看上去并没有起到沟通和交流的作用,反而火药味十足;总会有些夜晚你会怀疑自己选择成为领导者的初心。在这些时刻,你需要一个明确的目标来提升自己的积极性。

目标能点燃积极性,同时也是你克服所有挑战并能一直向前的原因。目标就是你每天醒来后,希望转变你的团队和组织,并且改变世界的动力来源。每个伟大的团队必须有一个宏伟的

第9章　用共同目标管理团队

目标，能解释他们存在的意义。每位积极领导者只有在目标的鞭策下才能领导他人，创造更积极的影响。

例如，唐纳·奥兰达曾告诉我，她的乐观精神源于一个推动她的积极性的宏伟目标。积极性不能长久维持，可推动积极性的目标是长久的。不通过目标进行领导，就像奢望只用半箱油就能从纽约开到加利福尼亚一样，这完全是无稽之谈，然而你有了目标，就像旅途中有了加油站，你可以获得补给，继续向前。

人们认为辛勤工作是我们疲累的原因，可事实并非如此，缺失目标才是根本原因。我们不会因为所做的事而精疲力竭，我们精疲力竭是因为我们忘记了为什么要这么做。研究表明，周一早晨9点的自杀概率最高。仔细想想，人们竟然宁愿死都不想去工作。我们生活的世界里，很多人都在寻找幸福，却徒劳无功。究其原因，是因为人们往往向外寻找，而不是向内寻找。幸福并不是来自于你的工作，而是来自于你工作的意义和目标。活出激情、明确目标，幸福自然就会找到你。不要去刻意追寻成功，若你决心实现目标，成功自然会找到你。

在福特公司成立之初，其创始人亨利·福特（Henry Ford）就设定了一个宏伟的目标：开辟通往全人类的高速公路。这一目标始终激励着穆拉利,他也愿意用这一目标激励每一位福特员工。正是在这个目标的勉励下,穆拉利改变了福特,完善了运营准则,创造了团结统一的团队,制订了一份每个员工都熟记在心并心生向往的"一个福特"计划。他时刻提醒公司的每个人他们存在的意义,鼓励他人怀着目标生活。同样还是这个目标,鞭策着穆拉利为世界带去积极影响,他通过拯救美国标志性企业——福特公司,向社会提供了上万个就业机会,为美国经济做出了巨大贡献。

作为一名领导者,你需要知道、记住和实现你的目标,并且鼓励团队和组织中的人也这么做。当你受到目标的鞭策时,便会知道其中的意义,这将促使你鼓励他人为了目标而努力。

"播种之地就在脚下"

作为一名领导者,你的出发点应该是你自己和你的目标。你在为了什么而领导?你为什么会选择现在的工作?如果你没有目标,自然也就没有能和大家分享的愿景。我写过一本关于寻找目标的书,名叫《种子》。主角乔希(Josh)是一个没有目标的人,有一天,他碰见了一位农夫,这位农夫给了他一颗种子,并且告

第9章 用共同目标管理团队

诉他该如何寻找播种种子的地方。当他找到正确的地方时，就会发现自己的目标了。乔希开始了寻找播种之地的旅行，他最终领悟到，播种的地方就在他的脚下。乔希发现，当一个人做出某些决定并依照目标生活时，更宏伟的目标就会自动呈现出来。

塔米卡·卡钦斯（Tamika Catchings）之所以能成为国家女子篮球联盟（Women's National Basketball Association，WNBA）一名卓越的领导者，不仅是因为她工作勤奋，还因为她十分渴望能够激励他人和改变世界。朗达·雷维尔（Rhonda Revelle）作为内布拉斯加大学垒球队教练，赢得了超过700场的比赛，她能如此成功，并非仅仅是因为有将球队打造成所向披靡的战队的渴望，还因为她想要对球员的人生产生一些积极影响。

研究表明，人们为更宏伟的目标而努力时，也是精力最为充沛的时刻。我不能告诉你你的目标应该是什么，但我可以告诉你，我们每个人都可以在工作中找到更宏伟的目标。我曾在一个会议上遇到了一位广受欢迎的信贷经纪人，她告诉我，她的工作是拯救婚姻。"你是怎么做到的？"我非常好奇。她说："在经济萧条期间，如果人们失去了房子，他们的婚姻就有可能会破灭，所以我把帮助人们寻找并保住房子当成自己的使命，这样他们就有更高的概率保持婚姻的完整了。"

我曾听闻,在美国国家航空航天局(National Aeronautics and Space Administration,NASA)有一位清洁工认为,即使他做的只是清扫工作,也会觉得自己正为推动人类探索太空这一宏伟目标做出了自己的贡献。我遇到过一位巴士司机,他认为自己的目标是帮助孩子们远离毒品。我遇到过一位行政助理,她成为公司里的"首席能量官"。我在亚特兰大机场见过一名炸鸡店的雇员,她叫伊迪丝(Edith),她每天都对数千名乘客微笑。作为一名演讲者和作家,我的目标是激励尽可能多的人。我们虽然都是普通人,但并不缺乏实现非凡目标的力量。在任何工作中,都有目标正在等着你去发现和实现。

我的一个朋友是一家儿童医院的人力资源主管,她告诉我,她每周都会找时间坐在医院大厅和病人及其家属交流,这将提醒她工作的意义所在。她说,如果不这样做,自己就会迷失在一堆文案工作、人事问题和一些看上去和治愈儿童的核心使命相去甚远的杂事之中。通过在大厅的沟通,她把自己的工作和医院使命关联在一起,这让她有足够的耐心来完成平凡且单调的任务,因为她知道,自己也在为实现医院的目标做贡献。

你的工作可能与你的终极目标没有直接关系，但作为一名领导者，你可以将现有工作视为一个工具，用它来向大家分享你更宏伟的目标。总而言之，请记住，如果你是一名领导者，你的终极目标是激励他人实现他们的目标。

将团队目标分享给每一位成员

我在为领导者们进行演讲时，常鼓励他们将分享愿景和目标放在一起。我相信这两者组合在一起后，会更有力量。愿景是"你们要去哪儿"，目标是"你们为什么要去那儿"。作为一名领导者，你能做的最重要的事情之一，就是分享和提醒成员团队的宏伟目标。你为什么会在这儿？你能发挥出怎样的作用？你会留下些什么？

如果愿景是北极星，那么目标就是燃料，为你的梦想巴士提供动力去追随北极星。每个人都需要愿景，也需要宏伟的目标。艾伦·穆拉利告诉我，他在每次开会前都会分享愿景和目标。史蒂夫·乔布斯可能表现得并不是那么积极，但他受到改变世界这一目标的鞭策，并将这个目标分享给了苹果公司的每个员工。匹兹堡海盗队的目标是希望球员成为更好的人，进一步才是成为更好的棒球运动员，因此他的团队中的每个人都知道这一目标，并和队友分享着它。

分享目标很重要，但除非它能激励他人实现目标，否则分享就没有意义。作为一名领导者，你希望分享团队的目标，以获得其他人的认可并激励他们完成使命。你想让每个团队成员都知道你的团队存在的意义，以及为什么他们的工作非常重要。

很多人认为只有在收容所工作，或者去非洲当志愿者才有意义，他们认为，只有在自己的正式工作之外才会发现人生的意义和目标。尽管在慈善团体当志愿者，或者感到被召唤而开始一场心灵之旅是很好的选择，但作为一名领导者，你可以告诉你的团队，他们并不需要开始一段心灵之旅才能完成使命，而是可以将他们的使命、激情和目标放在每天的工作之中。

你可以告诉自己的追随者，他们也许不能在全球各地建图书馆，但仍可以通过陪伴自己的孩子阅读实现更宏伟的目标；他们虽然不能每天都给那些无家可归的人食物，但可以用微笑、善意的话语和关心滋养自己的雇员和顾客；尽管他们可能无法建立起一个非营利组织，但仍可以在工作中发起慈善活动。

每天，你都可以发挥自己的影响，触动他人。尽管这些人可能不会因为缺乏食物而饥饿，但你可以提供给他们不同种类的精神滋养，在这个过程中，你既滋养了他们的灵魂，也滋养了自己的灵魂。

真正的动力源自工作的意义

我发现，能帮助人们带着目标生活的方式之一，就是帮助他们设立由目标驱动的目的。例如，多年来我一直选择有机谷（Organic Valley）牛奶，我不知道它为什么能吸引我，直到我来到它的总部进行演讲我才明白。有机谷公司总部位于美国威斯康星州（Wisconsin）中部，被数亩农田围绕。这是一家不以销售收益为目标的公司，当然，他们会为了预算、计划和增长目标预测销售额、衡量成果，他们之所以这么做，是因为相信收益只是他们达成目标时的副产品。

有机谷公司没有将精力放在对数字的关注上，他们真正关心的是：为农民提供就业机会，促进土地可持续性使用，为家庭提供没有激素和抗生素的奶制品，这最终使得有机谷公司的产品销量持续增长。他们的使命可以被细心的顾客"品尝"出来。

几年前,在一次向 NFL 演讲的过程中,我让每个球员都将他们的目标写在一张纸上。几分钟后,我让他们将纸撕掉。当他们撕掉自己花费时间和精力所写下的目标时,你能听到他们的抱怨声,也能感受到他们的气愤和受挫感。

接下来,我问道:"你们有多少人写的是赢得超级杯、赢多少场比赛、达到多少码、有多少次截球……?"所有人都把手举了起来。我告诉他们,这些是推动目标的目的,并不能让他们获得成功,对过程的投入和个人的成长才会决定他们将取得怎样的成绩。接着,我让他们重新思考了自己的目标,并让他们和其他队友进行分享,这种做法最终卓有成效。

研究表明,真正的动力来源于工作的意义和目标,而非外在奖励、成果或目的。一项对西点军校校友的研究表明,有如"我希望服务我的国家,做有意义的事"的内在目标的人,比那些有如"我希望提升军级,成为军官,获得名望"的外在目标的人要表现得更出色。

目的能够在短期内激励你,但是它们不能为你持续带来动力。如果没有真正的意义支持你在困难中保持前进,要么你会放弃行动,要么行动会变得更艰难,这并不意味着你不能享有成果或怀有目的。在很多情况下,你需要有收益目标,成果于你的意义就像一面镜子,反映了你的优点和不足之处。例如福特公司的艾伦·穆拉利,他就有一个清晰的行动目标,这对于计划的制订和实施很关键。

每个团队都希望能超越过去的成绩;每个非营利组织都希望能帮助更多的人;每所学校都希望能教育好更多的孩子;每家医院都希望能减少病人的死亡率,拯救更多生命。拥有具体的目标是很好的,因为一旦你明确了目的和自己希望得到的成果,为了实现它们,你就会满怀激情地树立一个更大的目标,而这个更大的目标可能会为你带来更好的成果!是的,你可以在意成果,但也要知道它只是成功的副产物。目标驱动的目的有助于提高销售量、赢得更多比赛、提升表现以及带来超乎你想象的成果。

选择你的"人生关键词"

若你希望自己每年都能怀着明确的目标,可以尝试选择年度词,即每年选择一个能让你的生活变得更有意义,让你更具使命感、激情与目标的词。二十多年来，我的朋友丹·布里顿（Dan Britton）和吉米·佩奇（Jimmy Page）每年都会通过这种方式激励自己，这为他们的人生带去了积极的影响。

大约六年前，丹和吉米告诉了我，他们是如何同家人一起在新年前夜选择年度词的。除了选择年度词，他们的每位家庭成员还会为这个词画一幅画，并将画贴在房子里，借此提醒自己。我认为这很有用，便开始和我的家人也这样做，然后又将这个点子分享给了我的团队和合作者。它确实加速了生命的变化。

领导者们和我分享了一些他们的年度词，比如"爱""梦想""投资""行动""执行""无畏""人生""关系"等。达博·斯温尼赢得了国家锦标赛后，在面对记者的采访时说："我今年的年度词是'爱'，我告诉我的团队，他们对其他成员的关爱将产生至关重要的影响。"这是一个已经被印证了的有效方法。现在，成百上千名领导者和他们的团队每年都会选一个词，用以在家庭生活和工作中激励自己。亨德里克汽车集团甚至在总部准备了一辆专车，上面写满了员工们的年度词。当员工们走进大楼时，就会看见这辆满载希望的车，上面的词语将时刻提醒他们。

第9章 用共同目标管理团队

我还曾建议学校制作"年度词"T恤,建立"年度词"墙,让商家和医院在会议室和办公室张贴这些词。你在选择自己的年度词时,要清楚自己为什么选择它,它将会"孵化"出有力的目标,这就是词汇背后的意义。这也可以作为你的团队和组织的练习方式,试想一下,如果你们每个人都明确了自己的年度词,并且脚踏实地地践行它,你们的力量和影响力将不可估量。

除了选择年度词,我还鼓励领导者们为自己的人生选择一个关键词。在我们看到"年度词"发挥出的作用后,丹、吉米和我开始探讨一个更大的问题。我们互相问对方:"你会在自己的墓碑上刻下什么字?"我们发现这与选择年度词完全不同,丹选择了"激情",吉米选择了"启发",我选择了"积极",因为我知道这是我毕生的事业和遗产。

接着,我们思考了哪些词语可以捕捉到一些英雄人物的传统和本质。也许,亚伯拉罕·林肯的人生词是"统一",马丁·路德·金的人生词是"平等",特蕾莎修女的人生词是"怜悯",苏珊·安东尼[1](Susan Anthony)的人生词是"投票权"。我们

---

[1] 1820年2月15日至1906年3月13日,美国著名的民权运动领袖,被称为"美国女权运动第一人"。19世纪,苏珊·安东尼为美国女性争取投票权的运动中扮演了关键角色,同时也是第一个妇女禁酒运动组织以及女权杂志《革命》的创立者之一。

意识到，如果能够帮助人们选出他们的人生词，就能激励他们有更高追求，并留下最伟大的遗产。

寻找年度词和人生词是一个引领你走出迷雾的过程。若将人生比喻为一本书，那么年度词就是书的章节名，人生词就是书的书名。这些词语将定义和书写你的人生故事，让你能够留下和向他人分享你最伟大的遗产。

在目标延展中创造个人价值

研究人员曾做过这样一项研究：他们询问了一组95岁的老人，如果能重活一次，他们会做出什么改变。大多老人都提到了这样三件事：

1. 他们会反思得更多，会更珍惜时光，包括每一天的日出、日落以及更多的欢乐时刻。

2. 他们会更勇于冒险，争取更多机会，因为生命短暂。

3. 他们会努力留下遗产，因为这会使自己即使死去，也仍然可以以另一种方式活着。

第 9 章　用共同目标管理团队

作为领导者，你能留下的最重要的遗产就是受到你影响的人和世界。若想带着目标生活，你就要思考自己该如何被人们记住，以及希望留下什么遗产，这将帮助你决定如何生活和进行领导。

生活在聚光灯下的橄榄球明星蒂姆·蒂博（Tim Tebow）本可以享受名声带来的一切，不过，相比安逸的生活，他选择创办蒂姆·蒂博基金会（Tim Tebow Foundation），为世界留下遗产。蒂博告诉我，他不会让"橄榄球明星"这一身份影响自己，他的毕生追求远不止成为一名优秀的运动员，而是要成为一个能为他人的生命带去正面影响的人。

大多数人只知道蒂博是海斯曼奖[①]（Heisman Trophy）的得主，是一名追求梦想的 NFL 四分卫，但他们不知道他还是一名慈善家，他为四个国家的一些穷孩子提供着药品、食物、衣服、教育和住房。通过蒂姆·蒂博基金会，他在世界各地的儿童医院里建立了"蒂姆游乐室"，同时还通过在菲律宾的蒂博治疗医院（Tebow Cure Hospital）为那些无法支付医疗费的孩子提供医疗救助。

[①] 一项授予美国大学美式橄榄球运动员的奖项，被认为是大学橄榄球运动员能获得的最高荣誉。

蒂博的基金会同样也会为那些长期住在医院的孩子准备难忘的晚会，在"闪亮的夜晚"，孩子们会盛装打扮，然后在人群的欢呼声中走上红地毯，进入晚会场地。在那个夜晚，他们都变成了"王子"和"公主"，感受着来自他人的鼓励和关爱，还能体验一晚的欢快舞蹈！

曾经，"蒂博时间"指蒂博在球场上的得分时刻，而现在它指蒂博为世界留下遗产的时刻。

丽莎·罗丝（Lisa Rose）是"第一个周五"（First Friday）项目的创始人，当她得知了狄波拉·莱昂斯（Deborah Lyons）创立了一个帮助处于虐待关系中的妇女和儿童脱离困境的项目时，立刻为后者提供了资源。丽莎同她的丈夫——伯林顿北方圣塔菲铁路（Burlington North Santa Fe Railway，简称 BNSF Railway）的总裁马特（Matt）一起筹集了足够的资金，建立了"门房社区"（The Gatehouse）。该社区位于得克萨斯州的格雷普韦恩市（Grapevine），占地约 24 万平方米，拥有 96 间套房，收容了那些曾经饱受虐待的妇女和儿童，并为她们提供食物、鼓励、疏导和咨询。社区的成员必须外出工作，她们需要自己谋生、存钱，直至拥有独立生活的能力。

第9章 用共同目标管理团队

丽莎说:"这个社区和项目给她们带来的改变是永久性的,我们做的每一件事都是为了给她们提供一个安全、舒适的环境,帮助她们成长,改变她们的人生。这不是一个收容所,而是一个社区。这不是一种施舍,而是一种扶持,为了她们能重新站起来。"

丽莎一边带我参观社区,一边告诉我他们目前如何筹集资金,以帮助他们拥有足够的年度预算,保证"门房社区"项目在她和马特过世后仍然能够继续运作。他们不仅将自己的一生投入到帮助他人的项目之中,而且还要确保自己死后仍能给他人的生命带来改变。我被丽莎夫妇深深折服,不禁思索所有现在以及未来会住在这儿的人们,当她们老去以后,会怎样和她们的孩子谈起丽莎、马特、狄波拉和"门房社区"改变自己人生的这段经历。

你不能永远活下去,但你对他人的影响可以在你过世后永远存留。你不需要像丽莎、马特和狄波拉一样建立一个有形的社区,但你可以创建一个"无形的社区"。一个人的遗产会通过他(她)分享出去的爱、被他(她)感动的人和发生在他(她)身上的故事流传下去。当你的追随者传颂你的故事时,你的生命也会

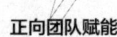

正向团队赋能

因此得到延续。

没有什么比濒死的体验更能让你明确自己为什么而活,虽然我并不推荐你去体验它,但它确实有效。几年前,我和家人在洛杉矶国际机场搭乘飞往亚特兰大的航班,当飞机上升到大约一千英尺①的高空时,突然失去了动力,速度骤减,飞行员通过广播说道:"我们正经历一场机械事故,飞机需要返回地面紧急迫降。"下一秒,飞机就开始以极快的速度下降,我的头部也因此受了伤。我转头看向妻儿时,他们的眼睛里充满了恐惧。

我简直不敢相信我们正在经历一场事故,我们还没准备好面对死亡,我想到自己还有三本以上的书没有完成。几分钟后,飞机趋于平稳,我看见机组人员从乘客座位旁经过,跑向飞机的尾部。飞行员又在广播里宣布了一遍紧急迫降的通知,并告知乘客对接下来的冲击做好准备。他说,飞机着陆后会有应急车辆来接我们,空乘人员也会帮助乘客离开机舱。

当时,整个机舱安静得出奇,人们看上去都非常冷静。我脑子里不时地出现飞机起火和裂成两段的情景,然而谢天谢地,我们最终奇迹般地安全降落了。后来从飞行员那得知,事故起因

---

① 1 英尺 =0.3048 米。——编者注

第9章 用共同目标管理团队

是飞机的一个引擎着火了,为了通过快速下降产生风来使火熄灭,只好让飞机紧急迫降。

我们走下飞机时,14岁的儿子挽着我的手臂说:"上帝还没有召唤我们去见他,这意味着我们还有更多的工作要做。"他说的是对的。比起其他经历,这段经历对我的启发最大,它督促我去实现自己的目标,以留下值得纪念的东西。我还有更多的事情要做,你也一样。作为一个领导者,还有许多人正等着你去激励、帮助、鼓励、引导、爱护、服务和关心,还有更多的团队需要被领导,更多的人需要被影响,甚至还有一个世界需要你这样的领导者去改变。

CHAPTER 10 第10章

用毅力和热爱为团队赋能

预示成功的第一要素不是天赋、头衔、财富或外表，而是毅力和决心！

毅力：团队成功的第一要素

根据宾夕法尼亚大学（University of Pennsylvania）的教授安吉拉·达克沃斯（Angela Duckworth）的研究，成功的第一要素是毅力，而不是天赋、头衔、财富或外表。毅力是一种为了一个目标持续、努力工作的精神，是一种在灾祸、失败、拒绝和阻碍面前不屈不挠，克服困难前进的精神。

任何有价值的事情都需要花费时间和精力去完成，这一路上，领导者会面对无数挑战、失败和挫折，除非他们找到前进的路，否则这些挑战、失败和挫折将会成为无法逾越的障碍。积极领导者有毅力，能发现、定位且绕过路障，也会不停地找寻能靠近愿景和目标的方法。

第 10 章　用毅力和热爱为团队赋能

当我们看到成功的公司时，会了解到它们的成就和声望，但对于领导者凭借自己的毅力走过所有的失败、怀疑、恐惧和痛苦的时刻，是我们所不了解的。

人人都希望成为美国运动品牌安德玛（Under Armour）的创始人凯文·普朗克（Kevin Plank），但我猜想，大家都不想成为1995 年时的他，那时的凯文还在华盛顿祖母家的地下室卖 T 恤，支持他的创业资金只是信用卡贷来的 4 万美元。

人人都渴望享受知名塑身内衣品牌斯潘克斯（Spanx）的老板萨拉·布蕾克莉（Sara Blakely）的成功，但我确信大部分人都不想在 25 岁时挨家挨户地销售传真机，或者在北卡罗来纳州（North Carolina）跑遍服装工厂只为推销一种新的内衣理念。萨拉在经历了数不清的拒绝后，终于找到了一家同意生产她的产品的生产商。凭着百折不挠的毅力，萨拉扭转了内衣产业，成为亿万富翁。

霍华德·舒尔茨（Howard Schultz）经营了星巴克 13 年后，分店数竟没有超过 15 家；美国连锁超市沃尔玛创始人山姆·沃尔顿（Sam Walton）在经营第一家沃尔玛百货店的 7 年过程中，都没能开设第二家分店；田纳西大学女子篮球队的传奇教练

正向团队赋能

帕特·萨米特在教练生涯的第 13 年时，才赢得了第一个锦标赛冠军；篮球教练约翰·伍登①（John Wooden）在加州大学洛杉矶分校执教时，直到第 16 个赛季才赢得了第一个全国冠军；达博·史温尼执教的克莱姆森大学橄榄球队在他们的前 34 场比赛中输掉了 15 场，又在 2010 年以 6∶7 惜败。达博认为自己将会被炒掉，但时任克莱姆森大学体育部主任的特里·菲利普斯（Terry Phillips）选择继续信任他。在此之后，他们每年至少赢得 10 场比赛，还在 2016 年赢得了锦标赛的冠军。

不论你是在期待一个公司焕发活力，还是想创办一个新公司，或是想建立一支胜利的队伍，又或是想将一个成功的团队带到更高层次，都必须做好花费时间和精力的准备。

达克沃斯说："要对实现长期目标持有激情和毅力。"我想补充的是，达成目标的过程的确像一场马拉松，但有时也像一场需要爆发力的拳击赛。你会在途中遇到阻碍，是毅力促使你一直前行，战胜失败和困境。被生活击倒后，你可能会就此潦倒，但毅力绝不允许你放弃。

---

① 生于 1910 年 10 月 14 日，于 1946 年起开始了他的大学篮球队教练员生涯。在长达 29 年的大学教练员生涯中，他指导下的球队共进行了 800 场比赛，获胜率达 81%。

第 10 章 用毅力和热爱为团队赋能

毅力有如此强大的力量,不禁让我们心生困惑:"为什么毅力能让我们一路向前?它是如何起作用的?如果是毅力推动着我们前进,那又是什么在推动着毅力?"

"热爱"就是最好的动力

我相信真正有毅力的人明白自己真正想要什么。当你知道自己想要什么的时候,就有了清晰的目标,那么你就会竭尽全力,不屈不挠地靠近它。这就是设立人生愿景十分重要的原因,也是我们讨论领导者为什么需要带上望远镜和显微镜的原因。当你的想法不被他人所认可时,当你受到周围的人的质疑时,你对愿景的期待和保持前进的毅力必须强过所有唱衰者的声音。

萨拉·布蕾克莉说,前行的路上她遭到过数百次的拒绝,但她没有停下脚步。她知道自己想创造什么,并且信念坚定地一直朝着那个方向努力,直到最终被人们认可和接受。

在上一章中,我们讨论了目标的力量,它不仅能提升人们的积极性,而且还会增强人们的决心和毅力。当你知道自己的目标时,就不会让障碍物肆意霸占你的道路。当你对实现目标

的强烈渴望足以支撑你超越所遇到的挑战时,就不会轻言放弃。

我的父亲是纽约市的一名警察,每天他离开家后,我的母亲都会对他的安危担忧不已。他为什么甘愿每天都冒着生命危险?是为了薪水吗?显然不是,父亲挣得并不多。他之所以选择这个职业,是因为他有一个拼搏的目标——让纽约市变得更安全。当棘手的案件以及母亲的担忧让他考虑是否要辞职时,想到自己的目标,他最终还是选择了坚持。

你永远不会擅长你不热爱的事,如果你不喜欢它,就不会为它付出努力、克服挑战、坚持不懈。如果你热爱自己所做的事,就算全世界都认为你应该放弃,你也仍会选择坚持,而且会发现他人的意见并不能左右你的坚持。铺天盖地的媒体言论,耸人听闻的消息,以及任何自身之外的境遇都不能左右你,你对自己、团队、所服务的组织以及这个世界的热爱,还有内在的爱和勇气,才能帮助你创造你的人生。

爱给人勇气和力量。我曾听说,恐惧是宇宙中第二大的力量,它会让我们远离自己的愿景、目标和梦想。谢天谢地,还有一种力量比恐惧更有力,那就是爱。人们认为恐惧的力量强大,而爱的力量微弱,事实并非如此。我们能够克服恐惧而闯进着火的

第 10 章 用毅力和热爱为团队赋能

大楼,就是因为爱的力量超过了恐惧的力量。

爱是恐惧的撒手锏,它使我们摆脱恐惧,所以有爱的地方,恐惧无所遁形。向领导者、教练和运动员演讲时,我鼓励他们将精力集中在对自己的工作、技艺和比赛的热爱上,而非对失败的恐惧上。恐惧会消耗我们的能量,而热爱能维持我们的能量。恐惧会使我们感到害怕,担心如果失败了他人会怎么想,而爱会促使我们展现出最好的状态,不至于因为担心其他事情而分心。

新秀赛季后的第二年,一位 NFL 的球员陷入了艰难的处境。我询问他遇到了什么困难,他答道:"虽然我正在实现自己的梦想,但在 NFL 中我感到很害怕。赛季前,我就错失了几次投球机会,所以非常担心自己在接下来的比赛中失球。我不想让教练和团队失望,也不想失去自己的工作。"听完这番话,对这位球员的问题我就非常了解了。

很多人都认为一个人拥有的成功经历越多,就越不容易产生恐惧,但这种想法是错误的,实际上,成功的次数越多,人们就越害怕失败,因为拥有的越多,能失去的也变得更多。我鼓励这位球员回到仅仅只是热爱比赛、热爱投球和热爱运动过程的状态中,并让他观察自己的内心,而不要向外看。只投球,不多想；只热爱比赛，不惧怕比赛。这位球员接纳了我的建议，在接下来的比赛中表现得非常出彩。他的成功并非因为我，我只是提醒了他。

做好接受失败的准备

拥有积极领导力和毅力意味着，即使你知道自己可能会失败，也不会允许让失败定义自己或因此而裹足不前。失败是成功的重要组成部分，它不是你的敌人，而是你成长过程中的伙伴；它无法定义你，只会使你进步。没有经历过失败，你就不会历练出成功所需要的品格。

只要你拥有了毅力，即使失败了，也会一往无前；你会将失败视为一个阶段的结果而不是最终结局；你会让往事随风而去，确信通往伟大的路永远在前方；你会保持前进，永不止步。

失败和挑战只是人生旅途的一部分，没有痛苦的挣扎，就没有伟大的成就；没有经历过试炼和失败，就不会获得成功；不克服困难，积极领导者们就无法改变世界。

当你经历失败的时候，请提醒自己：乔治·华盛顿虽然打

第 10 章 用毅力和热爱为团队赋能

了许多败仗,但带领美国赢得独立战争;亚伯拉罕·林肯在成为美国总统前遭遇了九次大选失败、丧偶、神经衰弱和两次破产;著名的脱口秀主持人奥普拉曾被告知不适合当主持人;华特·迪士尼(Walt Disney)曾因为缺乏创意,被迫从报社离职;美国著名儿童文学家苏斯博士(Dr. Seuss)在被出版社拒绝27次后,差点烧掉第一本书的手稿;美国导演史蒂文·斯皮尔伯格(Steven Spielberg)由于成绩平平而被加州大学洛杉矶分校电影学院拒之门外;耐克公司创始人、总裁菲尔·奈特(Phil Knight)曾经历了十年破产危机,在每次发工资后都捉襟见肘;史蒂夫·乔布斯在三十岁那年被苹果公司解雇了。类似的例子数不胜数,它们说明了一个道理:想要成功,必须接受失败。

不被批评左右,坚定自己的方向

大卫·卡特克里夫(David Cutcliffe)是杜克大学橄榄球队的主教练,他告诉我,在2010—2011年的赛季中,他的队伍的战绩是3∶9,虽然结果不尽如人意,但他仍然非常乐观,因为他知道自己在做什么,也相信团队的训练方式是正确的。

他没有一味地关注数字，而是选择信任整个过程。接着，在2012—2015年的三个赛季，杜克大学接连赢得了橄榄球碗赛（Bowl Game）的冠军。只要你用正确的方法做事，胜利总会到来。

积极领导者不会为了获得认可而领导，他们选择领导团队是因为有一些事情他们必须做，必须建立、创造、转换和改变。在领导的过程中，审查、赞扬、批评和攻击都会纷至沓来。即使一个领导者有了一些成绩，也不可避免地会受到一些人的质疑。

曾有一位想改变世界的领导者，他给饥饿的人提供食物、给饱受病痛折磨的人提供医疗救助，还给予那些缺乏关爱的人以爱护，但他却因此被人杀害。因此，如果你是一位领导者，就必须做好被攻击的准备。

积极领导力并不能保护你不受批评，但可以给你勇气和信心面对批评。"风平浪静"不会造就积极领导者，他们需要闯过由困境和消极心态组成的"狂风骤雨"。拥有积极领导力意味着能够坦然面对批评者的批评，即使你说的都是应该说的，做的也都是需要做的。然而，历史不会铭记批评者，只会铭记那些能够抵挡住批评的压力而获得伟大成就的人。

第 10 章 用毅力和热爱为团队赋能

在当今这个被社交媒体驱动的世界,你将比以往拥有更多的拥护者和批评者。你需要谨记的是:不要在赞扬中迷失方向,同时也不要让批评声占据你的头脑,将精力和时间放在打磨技艺上。如此一来,闲言碎语就无法控制你的思想。不要给消极心态留空间,让自己忙于创造未来。

如果数年前我听信了那些批评者和唱衰者的话,就会无心打磨自己的技艺。我希望你能不被他人的意见左右,因为一个人真实的身份并不由外界来定义,而是由自己内在的认知决定。你需要明白,你的事业、领导力和使命至关重要,他人没有资格决定你的命运。

不要在意他人说了什么,只管让自己处于恰当的位置,并做好自己的工作。不论受到他人的赞扬、批评还是忽视,你都要尽职尽责,为追随者指引方向。在领导过程中,请时刻保持激情、乐观的心态,并满怀希望。拥有信念、用爱助力,执着、无畏、坚持,以及相信不可能的事情,如此你才能跨过重重阻碍,抵达最终的目的地。

THE POWER OF
POSITIVE LEADERSHIP

CHAPTER 11 第 11 章

赋能带动团队正向循环

最好的还在前方等待！

唤醒激情，从主动改变开始

在本书中，我和大家分享了积极领导者转变自己的团队和组织的故事，我也同样分享了一些积极领导者的例子，他们像我们所说的那样改变了世界。这个世界上的消极力量似乎总是多过积极力量，所以每周遇见新的积极领导者并聆听他们的近况会让我充满积极的力量，他们提醒我不能满足于现状，不能允许消极状况继续存在。我们不能一直陷在消极状态里，不能让消极力量控制我们的生命和我们的团队。

现在，我们可以处理问题、寻找解决方案和寻求前方的路了。我不知道你年龄多大，你来自于哪里，你的职业、经历、头衔、所遇到的挑战，或你领导了多少人，但是我知道每个人都可以成

第 11 章 赋能带动团队正向循环

为积极领导者。人们经常问我,领导力是天生的还是后天养成的。我相信每个人身上都有成为一名积极领导者所需要具备的一些特征,人生境遇不会使你成为一名领导者,它只是会帮你揭示出你所具备的领导者的条件。

想成为一名积极领导者,你不需要换工作,你只需要效仿洛杉矶的校车司机塔尼娅·沃尔特斯(Tanya Walter)。通过在加利福尼亚州演讲,我认识了塔尼娅。在得知了大部分学生在学校的成绩欠佳后,塔尼娅决定给他们一些"刺激",促使他们表现得更好。她希望学生们更加努力、更加专注,进一步提高自己的成绩。她承诺当他们成功完成她所发出的挑战后,就带他们进行一场海洋生物巡游。

就这样,奖励逐渐演变成了暑期巴士全国巡游。塔尼娅的目的是让孩子们接触洛杉矶拥挤街道之外的世界,她成功了。在组织过多次巡游后,她的非营利"教父青年组织"(GodParents Youth Organization)演变成了一个有影响力的咨询和旅游项目,该项目旨在带领孩子们参观全国的大学和历史遗迹,甚至还上了名嘴奥普拉的电视节目。

塔尼娅本可以继续开着"巴士",不去管孩子们遇到的挑战,但是，她选择投入自己的时间和精力来带领孩子们看世界，在此过程中，她改变了许多孩子。她选择成为一个愿意积极改变的"巴士"司机，而不是被动地受世界的影响，她是一个正在影响世界的积极领导者。

你同样可以效仿大型连锁药店的药剂师厄休拉（Ursula）。厄休拉告诉我她是一个单身母亲，虽然历经了生活上的重重苦难，但由于自己对职业充满激情，所以她感到很骄傲。然而，在被调到城里条件最艰苦的一家店后，她遇到了各种难缠的顾客和消极事件，她对工作的激情立马冷却下来。面对困难，她准备认输了，但她又不希望离开自己喜欢的工作。在读完几本我写的书之后，她认定了自己的目标，即向她的同事和顾客提供无私的服务，让工作变得有趣，并且提升了工作环境。

起初，她带奶酪玉米片去店里，因为口味不错，很多人都喜欢它。接着，她和她的团队开始听欢快的音乐，因此整个药店的气氛和每个人的态度都快速地改变了。她说："太有趣了！过去我觉得面对难缠的顾客很痛苦，而现在我把这当作锻炼的机会，我的目标是保证他们离开药店时脸上洋溢着微笑。除此之外，一有机会，我就会帮助同事，通过鼓励帮助他们提升自己，

第 11 章 赋能带动团队正向循环

帮助他们获得成就感。我甚至会准备一些小礼物给他们，比如在便利贴上写几句鼓励的话给新人，或者送一小束花给另一位单身母亲。我再次喜欢上了我的工作，我选择活在当下，我对工作的激情又回来了！"

厄休拉并不需要改变她的工作，她需要的只是改变自己的态度。在改变自己的态度的过程中，她还改变了身边每个人的态度。

成功的前提：停止抱怨

你不必在消极状态里继续你的生活，而应该像我和许多我遇见的积极领导者一样，从消极向积极转变。举个例子，我的朋友雷切尔（Rachel）在一次派对中向我抱怨了整整 20 分钟，她抱怨她的工作、她公司的新政策，抱怨经济不景气，最重要的是，她抱怨自己的销售额不高。

我想说些什么却插不进一句话，最终，我让她停了下来，告诉她除了抱怨她可以另有选择："你不妨接受公司的新政策，怀着积极的态度工作，每天都拿出你最好的状态，或者你也可以去一家新公司找一份新工作,但是不论做什么,你要停止抱怨,这对你没有任何好处。"然后谈话就结束了,我们的友谊也结束了,我想雷切尔几个月内应该都不会和我说话了。

后来,我和妻子在一家杂货店看到了她,她和我说,尽管我的话不太中听,但是她还是决定采用我的建议。她选择继续自己的工作,停止抱怨后,她的销售额增长了许多,三个月后,她的销售额增长了30%,一年之后,她的销售额增长了70%。

在最初谈话的三年后,我再次遇见了雷切尔。我们很久都没有联系了,我问她过得怎样,她告诉我,在过去的两年中,她的销售额一直持续增长,因此受到了两次提拔,现在管理着公司的一个部门。这正是她的目标,谈起工作,她表现出了前所未有的激动和热切。雷切尔在停止抱怨后,走向成功了!

安迪·格林(Andy Green)是亚利桑那响尾蛇队(Arizona Diamondbacks)的一名年轻的三垒教练,他投入了大量时间和精力经营和球手的关系,并努力工作,用乐观主义和信念领导追随者,因此,他获得了其他队的老板和总经理的青睐,被聘用为圣地亚哥教士队(San Diego Padres)的经理。

安迪说,他以前并不在乎其他人,作为一名年轻的棒球运

第 11 章 赋能带动团队正向循环

动员,他只是全心关注着自己的职业提升机会,但是在被辛辛那提红人队(Cincinnati Reds)解雇后,他告诉妻子,如果还有机会再次参加重要的棒球联赛,他会更关心他人,而不是自己。后来,他赢得了一个在职业棒球联赛中和纽约大都会队对阵的机会,并成了俱乐部会所的一名领导,最终坐上了职业棒球次级联盟的经理职位。在任期间,他年年获得年度经理大奖,直到加入响尾蛇队成为一名教练。

安迪职业生涯的辉煌时刻不是在职业棒球总会的初次亮相,也不是赢得比赛的全垒打的时候,而是在半夜一点敲开一位参加次级联赛球员的酒店房门的时候。安迪告诉这位球员,他将第一次参加美国两大职业棒球联盟的球赛。听到这个消息,这位球员像孩子一样哭了起来,安迪给了他一个大大的拥抱。数年后,安迪说:"到目前为止,那是我职业生涯中最重要的时刻。"

去年,我给安迪的团队演讲,他的球员告诉我,安迪为人诚恳,无私奉献,关心他人,总是寻找着方法来帮助球员们在棒球技术和人生层次上获得提升。他是一名积极领导者,能够影响身边的人,能在自己的职位上发挥出最高层次的领导作用。

我曾和无数教练合作,他们都因为具备积极领导力而受到雇

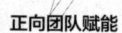

用和提拔,并创建了伟大的事业。他们中的一些已经是积极领导者了,一些正在成长为积极领导者,他们都给周围的人带去了不同的影响。

尽管你不需要放弃自己的工作就可以成为一名积极领导者,但对一些人来说,却需要改变地点和职业,才能做出改变。妮基·斯皮尔斯(Niki Spears)找到了我,作为本德堡地区(Fort Bend)一所学校的校长,她说她想把《活力巴士》带给全球的学校,创建能量巴士学校项目。

多年来,有许许多多的人因为这个想法找到我,但是一旦他们意识到完成这项工作所需要付出巨大的代价时,他们的热情马上就会冷却下来,决定不再向前推进了。我希望看到这个想法被实现,我有这样的愿景,但是我知道这需要一个对的人。

当妮基找到我时,我以为她会像其他人一样打退堂鼓,但她没有,她和我有着同样的愿景,而且愿意对此进行投入和付出。在没有任何成功的希望和薪水保障的情况下,她就从校长之位辞职,创建了能量巴士学校项目,旨在转变校园里的消极心态,致力于培养未来的积极领导者。

我看着她从一个学校的校长成长为领导者们的领导者,帮助数以千万的教育工作者和学生取得了进步。她借助积极领导力的力量,使校长们、老师们、学生们和他们的家人们的人生都发生了转变。她现在仍然是一位教育工作者,只是她教育的对象不再是一所学校,而是多所学校。

别再聚焦于错误事件

要想成为你期待成为的领导者,意味着你要放弃一些东西。斯科特·哈里森(Scott Harrison)是一名夜晚俱乐部的倡导者,他经常喝得烂醉,每天要吸两大包烟,早晨起来时经常会因余醉未醒而感到难受。如果把泡夜店当作一种游戏,那么斯科特就是这一游戏的顶尖人士,但是有一天,他发现自己玩的是错误的游戏。他不再想把人们都召集来酒吧里玩乐,而是希望把人们团结起来做一些别的事情。

最终,他选择前往非洲,在那里,他发现每天都有1 400名儿童因为不安全的水源和窘迫的卫生条件而致病死亡。斯科特还得知,该地的妇女和儿童需要走很远,有时是走上一天,去寻找饮用水,而新鲜干净的水源就在他们村子所在的地底下,他们需要的只是一口水井,以及挖掘水井的款项。

为此,斯科特建立了世界慈善水资源基金会(Charity Water),并开始召集多年来通过夜店活动认识的朋友。起先,斯科特在筹集资金保证这个非营利组织运营方面遇到了问题,并且他拒绝挪用筹集到的用于开挖水井的费用。离关闭世界慈善水资源基金会只差几个礼拜的时候,他从一名捐助者那得到了一百万美元的善款,这足以让组织再运转一年。斯科特说,那时,他认为是金钱使组织得以继续运转下去,但回头看,他意识到,根本原因是信念而不是金钱。

现在,数年过去了,斯科特不再是一个经常醉酒的人,他正致力于给全世界的人提供可饮用的水,在此过程中,他拯救了众多生命,改造了许多社区。迄今为止,世界慈善水资源基金会已经给 700 万人提供了干净的水源,并且每天持续增加 2 700 人。

诚然,世界上有很多消极的事物,也确实有很多问题得不到解决,但是,不要一味聚焦在错误的事物上,你可以把它当作帮助这些事物向好的方向转变的好时机。世界上有这么多消极的事物,所以你有很多时机可以让自己成为一名积极领导者和影响者!现在我们拥有这么多的技术和资源,这正是发挥我们的力量

第 11 章 赋能带动团队正向循环

使世界变得更积极的好机会。

艾伦·穆拉利在考虑成为福特的 CEO 时，公司面临着巨大的挑战，经过了解，他清楚地知道前方的路并不好走，但他没有选择逃避。当他给自己写小纸条，内容是关于成为福特 CEO 并扭转公司现状时，他写道："哇，多么有趣！"他知道自己面临的是一个大问题，只有伟大的领导者才能解决，但他还是选择迎难而上。

你可能会面临艰难的、令人却步的处境，就像奥斯丁·哈奇（Austin Hatch）那样。当奥斯丁乘坐的飞机失事时，他是韦恩堡（Fort Wayne）的一颗冉冉升起的新星，那时他还在密歇根大学拿奖学金、打篮球。他的父亲和继母同他一起乘坐了这架私人飞机，不幸的是，父亲和继母双双身亡，奥斯丁本人也遭受了危及生命的伤害和脑外伤，并因此昏迷了一个月。

这是一场令人痛心的悲剧，更糟的是，多年前，奥斯丁曾在另一场事故中失去了母亲和两个兄弟姐妹。奥斯丁能在两场事故中生还，真是少有，发生概率是数亿万分之一。尽管生还已经是奇迹了，医生们发现更不可思议的是，奥斯丁不仅能再次走路，而且考上了密歇根大学，并加入了篮球队，这使他获得了荣誉奖学金。

现在，奥斯丁不能像以前那样打球了，但他的领导能力对他的教练和密歇根大学队队友来说是一笔巨大资产。最近在和奥斯丁通电话时，他告诉我他不要让境遇定义自己。他说，他在医院里做了一个决定，即一旦他试图再次走路，就要不惜一切代价走出医院，他想成为别人眼中的奇迹。他说："如果我可以成为他人眼中的奇迹，那我的生命就是一个奇迹。"

奥斯丁除了学习和打篮球，他还努力挤出时间把自己的经历和他人分享并激励他人。他活成了他人眼中的奇迹，你也可以。

传递未来影响力

尼克（Nick）是一个保险公司的年轻人，他几天前曾打电话给我。我们从未见过面。去年我和他公司的领导层谈过话，他的老板向我提到了他，并告诉了我他所遭遇的困境，我承诺我会打电话鼓励他。通过和他的通话，我感觉他是一个很不错的年轻人，正经历很多内心的挣扎。我让他读了一本我的书，然后说我们可以谈谈他学到了什么。我们每个月聊一次，就这样坚持了几个月，之后我就有一段时间没有他的消息了。

第 11 章 赋能带动团队正向循环

前几天他突然打电话给我,告诉我假期的事情,以及他积极的态度如何帮助他和家人度过了一段美好的时光。曾经,他和兄弟姐妹有的只是争吵不和,而现在有了有意义的对话和联系。他说,因为自己改变了,身边的所有事情似乎都改变了,包括他的事业,现在也是蒸蒸日上。

最有意义的是,尼克告诉我他最好的朋友的父亲去世了,但是由于尼克已经成长为一名领导者,他能够陪伴他的朋友,帮助他度过这段艰难的时光。"这在去年是绝对不可能发生的,"他说,"我总是会崩溃,导致所有人都不得不来帮助我,但是现在,我能够帮助他们了。"尼克对他的朋友和家人来说就是一个奇迹。

这就是事情的运作方式,你成为积极领导者的决定不仅会影响你的人生,还会影响你的人际关系、你的家庭、你的朋友和你的团队。一个生命影响一个又一个生命,一个人改变了,也会使其他人改变。因此,一个领导者可以激励他人,培养更多的领导者。

今天播下的种子,将成为明天收获的果实。你可能看不到收获,但是不要让它使你停下播种的脚步。有种子要播撒,有生命

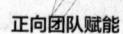
正向团队赋能

要改变，有团队要转变，有问题要解决，也有一个世界需要改变。当你成了一个积极领导者，你不仅会让自己变得更好，也会让你身边的所有人变得更好，这就是一个好的起点！

致 谢

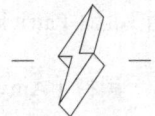

我每本书的创作时间都不会超过四周,而这不只是我一个人的功劳。我要感谢这个世界,是它赋予了我灵感、创意、能力和智慧。我要感谢我的妻子凯瑟琳(Kathryn),感谢她对我一如既往的支持和信任。

我还要感谢肯·布兰佳,他是我的导师和榜样,没有他和他的导师诺曼·文森特·皮尔(Norman Vincent Peale),也就不会有这本书。

感谢我的朋友、商业伙伴和团队成员丹尼尔·戴克(Daniel Decker)。感谢约翰威立国际出版公司的香农·瓦戈和马特·霍特(Matt Holt)在多年前就给了我写作《活力巴士》的机会,那是一段改变了我人生的经历。感谢伊丽莎白·吉尔德(Elizabeth Gildea)、狄波拉·斯切德拉(Deborah Schindlar)

和皮特·诺克斯（Peter Knox）帮助我出版和推广本书。

感谢帕特里克·兰西奥尼（Patrick Lencioni）、杰夫·吉布森（Jeff Gibson）和艾米·黑特（Amy Hiett）把我介绍给了艾伦·穆拉利。感谢艾伦·穆拉利在积极领导力方面给我提供了令人惊叹的事例、智慧和洞见，我们的谈话让我受益匪浅，就像自己获得了MBA学位一样。

感谢达博·斯温尼和克莱姆森大学橄榄球队这些年来一直和我保持友谊和合作，同他认识是一段奇异美妙、富有意义、收获颇丰的精神之旅，从他身上我学到了很多。

感谢道格·柯南特、戴夫·罗伯特、唐娜·奥兰达、肖恩·艾卓斯特（Shawn Eichorst）、桑迪·巴伯、迈克·史密斯、卡尔·利伯特、克里·克洛兹、布兰登·苏尔、比利·多诺万、道格·里弗斯、凯文·伊斯特曼（Kevin Eastman）、谢利·科尔、埃里克·斯波尔斯特拉、约翰·卡利帕里（John Calipari）、马克·里奇、克林特·赫德（Clint Hurdle）、凯尔·思达克、布奇·琼斯（Butch Jones）、塔拉·范德韦尔、安迪·格林、德鲁·沃特金斯、里奇·亨德里克、约翰·德斯蒙德（John Desmond）、查德·科诺斯（Chad Knaus）、布·科里根（Boo Corrigan）、大卫·卡特里夫、约翰·蒂尔曼（John Tillman）、杰夫·坦布罗尼（Jeff Tambroni）、奇普·凯利（Chip Kelly）、格斯·布拉德利、巴兹·威廉姆斯、查德·莫里斯（Chad Morris）、克里斯蒂娜·哈芙佩尼（Christine Halfpenny）、朗达·雷维尔、史蒂夫·吉尔伯特（Steve Gilbert）和乔治·雷弗林给我机会和你们的团队合作，让我学习到了如何将积极领导力运用在实际工作和生活中。

感谢吉姆·凡·艾伦（Jim Van Allan）帮助我进行研究。

感谢约书亚·梅德卡夫（Joshua Medcalf）对我的激励，让我把书做得更好。

感谢我的兄弟大卫·高登（David Gordon）对本书的付出和为我提供的想法。感谢凯特·里维尔（Kate Leavell）、朱莉·妮（Julie Nee）、艾米·凯莉（Amy Kelly）、布雷特·休斯（Brett Hughes）、安妮·卡尔森（Anne Carlson）和布鲁克·崔伯特（Brooke Trabert）阅读本书并给我提供了建议。

感谢所有伟大的领导者和公司给我机会，让我和你们的团队合作。感谢所有的积极领导者让他们身边的人变得更好。让我们携起手来，共同改变这个世界！

中资海派图书

[美] 邦妮·圣约翰　艾伦·海恩斯　著
葛秋菊　译
定价：49.80 元

"美国最鼓舞人心的五位女性之一"倾情力作
克林顿、小布什、奥巴马一致盛赞

- 逆势创造奇迹的"复原力女神"，教你时刻保持最佳状态！
- 专业团队历时 7 年，融合神经科学、心理学、生理学前沿成果！
- 研究结论经过数千人反复评估，最终形成 5 大复原法则！
- 即学即用的复原力指南，让你的内心更有韧劲、生活充满意义！
- 帮你重塑大脑、为身体充电，快速获得更强大的能量、更持久的专注力！

中资海派图书

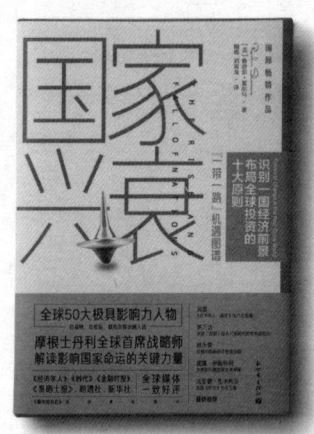

[美] 鲁奇尔·夏尔马 著
鲍 栋 刘寅龙 译
定价：68.00 元

10 大核心原则
看懂未来全球经济格局与中国的前景

正确运用 10 大核心原则，看懂国运变迁，这是改变个人命运的开端！

○ 暴涨的洋葱价格摧毁了谁的财富？政府干预的边界到底在哪儿？
○ 下降的汇率更利于国际竞争吗？科技或资源富翁如何影响贫富不均？什么样的人口结构才能产生红利？
○ 政治强人如何改变一国的命运？国际舆情热捧就一定有利于国家发展吗？多高的债务增长率会造成经济猝死？
○ 为什么制造业最重要？区位优势的威力怎样运作才能最大化？

翻开这本书，你将彻底读懂正在发生的经济变化，消解经济格局变迁带来的财富焦虑与危机感。

中资海派图书

[德] 雅克·纳斯海 著

严孟然 译

定价：45.00 元

《影响力》作者罗伯特·西奥迪尼力荐
手把手教你刷出存在感 + 吸引力 + 硬实力

在职场中，能否胜任工作是你获得成功的关键，但更为重要的是：让人相信你有能力胜任。能力既然存在，就应当被感知。你可以影响他们对你的判断！

在《反低调》这本书中，雅克·纳斯海找到了展示能力的最佳办法。跟随本书，你将：

○ 以行家的身份赢得别人的尊重
○ 用心理效应改变自己的地位
○ 使自己不再被低估

这就是你告别平庸的方式！

 ✕ **READING YOUR LIFE**

人与知识的美好链接

20年来，中资海派陪伴数百万读者在阅读中收获更好的事业、更多的财富、更美满的生活和更和谐的人际关系，拓展他们的视界，见证他们的成长和进步。

现在，我们可以通过电子书、有声书、视频解读和线上线下读书会等更多方式，给你提供更周到的阅读服务。

微信搜一搜
海派阅读

关注**海派阅读**，随时了解更多更全的图书及活动资讯，获取更多优惠惊喜。还可以把你的阅读需求和建议告诉我们，认识更多志同道合的书友。让海派君陪你，在阅读中一起成长。

也可以通过以下方式与我们取得联系：

- 采购热线：18926056206 / 18926056062
- 服务热线：0755-25970306
- 投稿请至：szmiss@126.com
- 新浪微博：中资海派图书

更多精彩请访问中资海派官网　www.hpbook.com.cn